Reinhold Ruthe
Die Perfektionismus-Falle

W0040821

Reinhold Ruthe

Die Perfektionismus-Falle

… und wie Sie ihr entkommen können

Bibliografische Information Der Deutschen Bibliothek
Die Deutsche Bibliothek verzeichnet diese Publikation in der
Deutschen Nationalbibliografie; detaillierte bibliografische Daten
sind im Internet über http://dnb.ddb.de abrufbar.

2. Auflage 2004
© 2003 by Joh. Brendow & Sohn Verlag GmbH, Moers
Einbandgestaltung: Georg Design, Münster
Titelfoto: Getty Images
Satz: Satz & Medien Wieser, Stolberg
Druck und Bindung: Clausen & Bosse, Leck
ISBN 3-87067-968-9
www.brendow-verlag.de

Inhalt

Vorwort

Perfektionismus ist ein Krebsgeschwür im menschlichen Leben und eine Falle, die Wohlbefinden und Zufriedenheit zerstört. Die Lebensqualität leidet. Die bewussten und unbewussten Ziele sind zu hoch. Viele Frauen, Männer und Kinder versuchen als perfekte Menschen zu leben: als Eheleute, als Eltern, als Schüler, als Mitarbeiter und als Christen. Perfektionismus ist ein unmenschliches Streben. Es setzt Leib, Seele und Geist unter Druck. Menschen, die dem Perfektionismus huldigen, schädigen sich und ihre Umgebung.

Perfektionismus äußert sich unterschiedlich bei introvertierten oder extrovertierten Persönlichkeiten.
Mehr *introvertierte Perfektionisten* leiden still vor sich hin. Sie machen keinen Spektakel, fallen in der Öffentlichkeit nicht auf. Sie haben das Gefühl, dass ihnen etwas fehlt, und dass ihre Leistung nicht ausreicht. Sie fühlen sich hässlich, dumm und unerwünscht und haben Angst Fehler zu machen. Sie fühlen, andere könnten hinter ihre Inkompetenz kommen.
Die *extrovertierten Perfektionisten* denken anders. Sie wollen gesehen und bewundert werden. Sie müssen vor den Augen der anderen glänzen. Mit Macht drehen sie auf, holen das Letzte aus sich heraus und demonstrieren ihr Können. Vor den Augen der Umwelt muss alles perfekt und tadellos sein. In den Schubladen und hinter den Kulissen sieht es häufig anders aus. Auch kritisieren sie die andern, die unvollkommen und fehlerhaft arbeiten. Am liebsten würden sie alles selbst und besser machen.

Perfektionismus ist menschliche Überheblichkeit. Denn Irren ist zutiefst menschlich. Verfolgen Sie einmal die Nachrichten: „Menschliches Versagen" wird als Ursache für 80 – 90 % aller Unfälle im technischen System angegeben. Das gilt für 75 % aller Flugzeugabstürze, für 80 % aller Chemieunfälle und für bis zu 50 % aller Störanfälle in Kernkraftwerken. Bei Schiffsunglücken wird das „menschliche Versagen" auf 95 % geschätzt.

Perfektionismus ist eine schmerzhafte Einstellung für Christen und Nichtchristen. Diese Menschen streben höchste Normen und Idealvorstellungen an. Aber diese Ziele sind unerreichbar. Perfektionisten sind enttäuscht, wenn ihre Partner, Kinder oder Mitarbeiter nicht mit ihren Idealvorstellungen übereinstimmen.

- Perfektionismus untergräbt die *Zufriedenheit*.
- Perfektionismus zerstört die *Gesundheit*.
- Perfektionismus ruiniert die *Partnerschaft*.
- Perfektionismus belastet den *christlichen Glauben*.

Perfektionismus ist kein unabänderliches Schicksal.
- Mit Gottes Hilfe können Perfektionisten zu glücklichen Menschen werden.
- Mit Gottes Hilfe können sie ihren Ehrgeiz, ihr Vollkommenheitsstreben und ihre Selbstüberforderung ändern.
- Mit Gottes Hilfe können sie ein Sowohl-als-auch sehen und nicht nur ein Entweder-oder.
- Mit Gottes Hilfe können sie zum Frieden mit sich, mit andern und zum Frieden mit ihrem Herrn finden.

Perfektionismus kann korrigiert werden, wenn mit der Einsicht eine Kurskorrektur verbunden ist.

Perfektionismus hat viele Gesichter

Den Perfektionismus gibt es nicht. Sein Erscheinungsbild ist vielschichtig, seine Ausdrucksformen zahlreich.

Jeder ist seines Stresses Schmied

Perfektionismus ist eine schlechte Angewohnheit. Er kann unser Denken und Handeln bestimmen.
Wie sagte schon der römische Kaiser und Philosoph Marc Aurel vor ein paar tausend Jahren: „Nicht die Tatsachen entscheiden über unser Leben, sondern wie wir sie deuten."
- Unsere *Gedanken* machen eine Sache gut oder schlecht.
- Unsere *Gedanken* beflügeln oder lähmen uns.
- Unsere *Gedanken* machen uns gelassen oder produzieren einen inneren Aufruhr.

Eine nachdenkliche Geschichte kommentiert diese Aussage: Es war einmal ein Mann. Man nannte ihn Adam. Er hatte viele Jahre mehr schlecht als recht gelebt. Viele Probleme trieben ihn um, über die er sich Gedanken machte und die ihn über die Maßen stressten. Alle Kleinigkeiten dramatisierte er. Das machte schließlich ein Nervenbündel aus ihm. Eines Tages bekam er Krebs. Zuerst wurde er operiert und dann mit Strahlen behandelt. Leider blieben alle Eingriffe erfolglos. Er siechte dahin und der Tod klopfte an seine Tür. Kurz vor dem Sterben, sein handgeschriebenes Testament lag neben ihm, zog sein Leben noch einmal wie ein Film an seinem inneren Auge vorbei. Einige Ereignisse machten ihn

hellhörig. Ein erster Freund, er war zehn Jahre alt, hatte sich über ihn lustig gemacht. Jedenfalls glaubte er das. Er trennte sich von ihm und wollte ihn sein Leben lang nicht wiedersehen. Mit 17 Jahren verliebte er sich das erste Mal. Das Mädchen hielt ein Rendezvous nicht ein und er wandte sich enttäuscht und verbittert von ihr ab. Ein Jahr lang war er untröstlich. Als er verheiratet war und die Katze des Nachbarn auf sein gepflegtes Rosenbeet einen Haufen setzte, führte er einen erbitterten Rechtsstreit, der ihm den ersten Herzinfarkt bescherte. Viele Beispiele mit ähnlichen Reaktionen streiften sein Gehirn. Er schüttelte den Kopf und musste ernsthaft lachen. Dann nahm er seinen Füllfederhalter und schrieb seinen Kindern folgenden Satz ins Testament: „Ihr Lieben, denkt immer daran, im Angesicht der Ewigkeit sind tausend Probleme unseres Lebens, die wir viel zu wichtig genommen haben, wie ein Windhauch – ohne jede Bedeutung."
Adam hat Recht. Im Angesicht des Todes sind die meisten Probleme unseres Lebens, die wir verstärkt dramatisiert, zergrübelt und aufgeblasen haben, völlig überflüssige Aufregungen.

Es sind also negative Gedanken, die den eigentlichen Stress ausmachen. Perfektionismus ist *ein* hässlicher Stressfaktor, der unser Leben einschnürt, es belastet und viele Energien unnötig auffrisst. Aber hinter dem Perfektionismus steckt eine falsche Leitidee:
– „Nur wenn du vollkommen bist, hat man dich lieb!"
– „Nur wenn du fehlerfrei arbeitest, kannst du bestehen!"
– „Gut ist nicht gut genug. Hol das Letzte aus dir heraus!"
Dieser innere Antreiber kann sich lebensbedrohlich auswirken.

Da ist Frau Fischer. Eine penetrant ordentliche und zuverlässige Frau. Sie ist Buchhalterin in einer Textilfirma und bei der Firmenleitung beliebt. Ihre Arbeit ist einwandfrei. Wenn sie nicht fertig wird, macht sie Überstunden. Sie will die Arbeit erledigen. Was nicht erledigt ist, bereitet ihr enorme Kopfschmerzen. Am Ende des Jahres war ihr „ein kleiner Patzer" bei der Jahresabschlussbilanz unterlaufen. Sie war untröstlich. Die Firmenleitung beklagte sich nicht, aber Frau Fischer lag mit sich im Krieg. Sie konnte zu Hause ihren Haushalt nicht schaffen, war unglücklich und nicht zu genießen.

„Ich bin eine dumme Pute. Der Fehler hätte nicht geschehen dürfen. Eine ordentliche Buchhalterin ist gegen solche Fehler gefeit. Wenn mir das wieder passiert, werfen mich die Chefs raus. Ein Buchhalter muss perfekt sein, sonst kann er gleich gehen."

Was sind die Kennzeichen eines *introvertierten Perfektionisten*?
– Er ist unerbittlich gegen sich selbst.
– Er kann sich Fehler und Sünden nicht vergeben.
– Er kann Fehler bei anderen entschuldigen, aber nicht bei sich.
– Er wertet sich selbst ab.
– Er leidet an sich.

Herr Weber ist ein *extrovertierter Perfektionist*. Er ist Kontrolleur in einer Elektrofirma. Er ist genau und überkorrekt. Aber er hat eine Schwäche. Ihn ärgert es ungemein, wenn eine Kollegin oder ein Kollege etwas vergisst. Jede Großzügigkeit des anderen ist ihm ein Dorn im Auge. Als Kontrolleur – auf diesem Posten ist er goldrichtig – sieht er alles, hört er alles und weiß alles. Seine Kollegen meiden ihn, weil sie in ihm einen „Stänkerer" sehen. Den Spitznamen trägt er seit Jahren. Wenn in der Firma von „Stänker" die Rede ist, weiß jeder, wer gemeint ist.

Herr Weber ist verheiratet und hat zwei Söhne von 13 und 15 Jahren. Das Verhältnis zu ihnen ist mehr als schlecht. Wenn der Vater nach Hause kommt, geht die Kritik los. Irgendwas findet er immer. Einer seiner Söhne hat ihm eines Tages das böse Wort in Riesenlettern an sein Arbeitszimmer geheftet: „Wer sucht, der findet. Wer nicht sucht, findet auch immer." Der Vater kann darüber nicht lachen. Ihn ärgert diese Kritik, weil er darin eine unverschämte Rebellion sieht.

Was sind die Kennzeichen eines *extrovertierten Perfektionisten*?
– Er sieht bei andern Fehler und Schwächen.
– Er kritisiert die Unvollkommenheiten anderer.
– Er kann sich leichter verzeihen.
– Er macht lieber die Arbeit selbst, um nicht die Unvollkommenheit anderer ertragen zu müssen.
– Er hat ständig Schwierigkeiten mit anderen Menschen.
– Er leidet an anderen.

Perfektionismus: Irrationale Idee Nr. 11

Der amerikanische Therapeut Dr. Albert Ellis, der Begründer der Rational-Emotiven-Therapie, hat in einem seiner Bücher 11 „irrationale Ideen" veröffentlicht, die psychische Störungen verursachen und aufrechterhalten. Er geht davon aus, dass wir in unseren Familien und in unserer Gesellschaft von abergläubischen und unsinnigen Ideen indoktriniert werden. Solche Vorurteile und irrationalen Vorstellungen gelten als Hauptursache für Neurosen, Verhaltensauffälligkeiten und psychosomatische Störungen. Die Formulierung der irrationalen Idee Nr. 11 lautet:

„Die Vorstellung, dass es für jedes menschliche Problem eine absolut richtige, perfekte Lösung gibt und dass es eine Katastrophe sei, wenn diese perfekte Lösung nicht gefunden wird."[1]

In der Welt der Unvollkommenheit und Unsicherheit glauben viele Menschen nicht glücklich sein zu können. Sie suchen Sicherheit, absolute Beherrschung der Lage, die vollkommene Wahrheit und die totale Kontrolle.

Alle diese „irrationalen Überzeugungen" sind falsche Erwartungen, beinhalten übertriebene Hoffnungen und enden in großen Enttäuschungen. Ellis geht davon aus, dass der Mensch, der diesen „irrationalen Ideen" nachläuft, genau die Katastrophe herbeiführt, die er vermeiden will. Irren ist menschlich und perfektionistische Lösungen werden zum Alptraum.

Perfektionismus und Magersucht

Überall wird deutlich: *den* Perfektionismus gibt es nicht. Es gibt lediglich verschiedene Perfektionismus-Aspekte, die bei unterschiedlichen Personen spürbar werden.

Da sind die Magersüchtigen. Sie haben perfektionistische Neigungen. Wahrscheinlich ist ihr Vollkommenheitsstreben eine der Hauptwurzeln für ihr Elend. Sie haben die Überzeugung, sie seien zu dick und nicht gut genug.

Sandra Litty, eine ehemalige Magersüchtige, schrieb über ihr Leben:

„Ich war weit gelaufen auf dem Weg, den ich meinen eigenen

nannte, denn ich hatte ihn selber gewählt. Ich perfektionierte alles in meinem Leben, weil Perfektion das Ziel unserer Gesellschaft ist. Ich wanderte jahrelang auf meinem Weg, wollte es allen Menschen recht machen, wollte gut sein, alle Erwartungen erfüllen und Anerkennung sammeln, um mich selber zu mögen. Ich wurde mehr und mehr von meinen Fähigkeiten und – schlimmer noch – von den Unfähigkeiten abhängig. Wie konnte es anders kommen: ich musste versagen, immer wieder fallen, denn wer kann diese Ansprüche schon erfüllen? … Auch als ich schon viele Bereiche meines Lebens von dem Zwang zur Perfektion befreit hatte, stand das Essen noch unter meiner Herrschaft. Alles hatte ich weggeworfen, aber die Herrschaft über meinen Körper wollte ich nicht aufgeben."[2]

Unmissverständlich spricht die Magersüchtige über ihren Perfektionismus. Die Ansprüche sind neurotisch. Das Vollkommenheitsstreben ist lebensfeindlich. Der Zusammenbruch des Lebenswillens voraussehbar. Wie geht die Magersüchtige damit um?

Sandra Litty beschreibt es so: „Wäre ich dick, dann müsste ich vor Gram vergehen. Doch was soll ich tun? Die einzige Alternative war Selbstmord."[3]

Sie wurde wie ein Wunder davor bewahrt, aber der Weg war vorgezeichnet. Wer perfektionistische Ziele anstrebt, landet in der Sackgasse. Die Anstrengungen sind übermenschlich und die Ziele überspannt.

Perfektionismus und Kontrolle

Eine Spielart des Perfektionismus ist Kontrolle. Kontrolle gehört zu bestimmten Lebensstil-Leitmelodien. Sie kennzeichnen die Einmaligkeit dieses Menschen.

- Sie zeigen, was dieser Mensch am *höchsten bewundert*.
- Sie zeigen, was dieser Mensch am *intensivsten anstrebt*.
- Sie zeigen, was dieser Mensch auf alle Fälle *vermeiden will*.

Die Lebensstil-Leitmelodie Kontrolle spiegelt ein Bewegungsgesetz des Menschen wider, eine Stellungnahme zu den Lebensproblemen und zum Zusammenleben in der Gemeinschaft. Man kann sie auch Prioritäten nennen. Prioritäten sind also hervorstechende Eigenschaften, Verhaltens- und Einstellungsmuster, die diesem Menschen besonders wichtig sind.

Die Priorität Kontrolle kennzeichnet ein Wesensmerkmal des Perfektionisten. Dieser Mensch wünscht sich
- Sicherheit,
- überschaubare Verhältnisse,
- Ordnung und Gewissenhaftigkeit,
- Schutz vor unvorhersehbaren Ereignissen.

Kontrolle kann mehr das *eigene Leben* oder das Leben *der andern* betreffen. Der Kontrolleur kann in erster Linie auf Selbstkontrolle oder auf Kontrolle der anderen Wert legen. Wer in erster Linie *sich* im Auge hat, legt auf Gradlinigkeit, Pflichtbewusstsein und Prinzipientreue im eigenen Leben Wert. Er will vorbildhaft und zuverlässig erscheinen. Sein Leben soll berechenbar sein. Wer primär Kontrolle über *andere* Menschen gewinnen will, kann zum Tyrannen werden. Er reglementiert und bevormundet seine Kinder, den Partner und seine Mitarbeiter. Diese Form des Perfektionismus reizt zum Widerspruch. Sie fördert Rebellion und Widerstand. Beruflich können solche Menschen viel leisten, nur ihre Beziehungsfähigkeit ist in der Regel schwach entwickelt. Der Kontrolleur, der andere kontrollieren will, hat es schwer, sich Gott auszuliefern. Er will sich und sein Leben im Griff haben und nicht abhängig sein. Er fürchtet, von Gott reglementiert und kontrolliert zu werden.

Was ist ein Perfektionist?

- Er ist tadellos.
- Er ist makellos.
- Er ist fehlerfrei.
- Er ist außerordentlich.
- Er ist übergewissenhaft.
- Er ist pingelig.
- Er ist ein Buchstabendenker.
- Er ist ein Sophist.
- Er kann zum Wortklauber werden.
- Er denkt und handelt moralistisch.
- Er vertritt sehr hohe Maßstäbe.
- Er strebt das Vortreffliche an.
- Er tendiert zur Vollkommenheit.
- Er will sich nichts zuschulden kommen lassen.
- Er hat hoch gesteckte Erwartungen.
- Er treibt sich selbst zum unerreichten Ziel an.
- Er will alles hundertprozentig machen.

Perfektionisten sind Menschen, die etwas so gut machen wollen, dass es möglichst nicht mehr zu verbessern ist.

Der Perfektionismuswahn

In einem Brief von Eva Gesine Baur lese ich einen Beitrag, der überschrieben ist: „Tödlicher Perfektionismuswahn". Wörtlich heißt es bei ihr: „Ein perfektes Paar, heißt es im Bekanntenkreis. Beide wissen alles übereinander, reden über alles miteinander, sie perfektionieren ihre Körper in demselben Fitness-Center und ihre Karriere nach demselben Strickmuster. Alles, was nicht perfekt ist, wird mit der Gründlichkeit ausgemerzt, mit der ergrimmte Hobbygärtner resistentem Unkraut zu Leibe rücken. Sie lesen Bücher über Partnerschaft und kehren nie den Dreck unters Sofa.

Die Kinder kommen, alle hübsch, gesund und intelligent, und vor allem perfekt erzogen. Die Schulden fürs Haus sind abbezahlt, keiner geht fremd, beide haben Erfolg. Ein perfektes Paar im perfekten Glück.

Und dann plötzlich ist es aus. Der Freundeskreis des perfekten Paares zerfällt in zwei Teile: In einem schimpft sie unflätig über ihn, packt wochenlang so viel Übles aus, dass allen schon davon schlecht ist, und im andern Teil praktiziert er das Gleiche mit umgekehrten Vorzeichen. Was ist da passiert?

War alles nur ein einziges Betrugsmanöver, was da wie Liebe aussah? Wer ist schuld an diesem Scherbenhaufen? Schuld ist nur einer: der partnerschaftliche Perfektionismuswahn."[4]

Perfektionismus ist ein gefährlicher Bazillus. Alles muss perfekt und komplett sein. In der Lexikonreihe darf kein Stück fehlen, das Gläserservice muss vollständig und die Videothek fehlerfrei sein. Die Partnerschaftsdevise heißt: Glück ist, wenn nichts mehr fehlt. Alles ist fehler- und keimfrei.

Alle Winkel werden vom Staub befreit. Jeder Bazillus wird an die Luft befördert. Die Liebe hält das nicht aus. Perfektionismus evakuiert die Liebe. Sie kommt ins Schleudern, ihr geht die Luft aus. Perfektionismus ist ein Liebeskiller. Perfektionismus ist ein radikales Desinfektionsmittel. Mit Staub und Unordnung ist auch die Liebe weggeschrubbt.

– Beide sind perfekt.
– Beide sind erschöpft.

– Beide sind überarbeitet.
– Beide kapitulieren.

Sehr schön hat der Entertainer Otto Waalkes die perfekte Hausfrau auf die Schippe genommen. Übertrieben ahmt er sie nach. Sie schrubbt und saugt, poliert und desinfiziert. Und dann hört Otto eine Stimme: „Es ist sauber, aber noch nicht rein!"
Otto stürzt sich erneut mit Feuereifer in die Arbeit. Und wieder ertönt die Stimme im Hintergrund. Endlich versteht der Zwangsneurotiker: Seine Arbeit ist unnütz, solange er selbst im Raum ist. Er ist der Unsaubere, der die Reinheit hindert. Als er die Küche verlässt, hört er eine triumphierende Stimme: „Jetzt ist alles rein."
Wer scheuert und putzt, desinfiziert und blank poliert, lenkt von sich ab. Er sieht den Schmutz draußen. Er projiziert seinen Schmutz in die Welt. Fanatisch stürzt er sich auf die Säuberung der Umwelt und die Innenverschmutzung bleibt im Dunkeln.
In der Partnerschaft ist das nicht anders. Mit Röntgenblicken wird der andere durchleuchtet. Alle Staubfänger werden unters Mikroskop gezerrt. Es wird geputzt, kritisiert und Staub aufgewirbelt. Zärtlichkeit und Liebe werden ausgefegt. Zurück bleibt ein steriles Paar, das keimfrei in seinen vier Wänden haust.
– Die Liebe hat das Weite gesucht.
– Die Liebe ist desinfiziert.
– Die Liebe hat dem Perfektionismus Platz gemacht.

Es ist signifikant, dass viele depressive Menschen mit Perfektionismus zu tun haben. Depressive Menschen sind geistlich tiefgründig. Sie wollen ihren Glauben nicht oberflächlich leben. Der amerikanische Theologe und Seelsorger David Seamands charakterisiert diese Menschen folgendermaßen:

„Es gibt viele verschiedene Arten von Depressionen. Sie unterscheiden sich in ihrer Stärke sehr voneinander. Ich möchte unser Augenmerk auf eine Art Depression richten, die durch ein angeschlagenes Gefühlsleben entsteht, vor allem durch eine geistliche Verzerrung, die man Vollkommenheitsstreben nennt – mit einem Fremdwort: Perfektionismus. ... Das Vollkommenheitsstreben ist eine Nachäffung der Glaubensvollkommenheit. Anstatt uns zu heiligen Menschen und ausgeglichenen Persönlichkeiten zu machen – das heißt zu ganzen Menschen in Christus –, macht das Vollkommenheitsstreben uns zu Pharisäern und Neurotikern." [5]

In Seamands Augen ist das Vollkommenheitsstreben das „beunruhigendste seelische Problem" unter gläubigen Christen. Woher kommt das?

- Viele Christen haben das Gefühl, nicht genug getan zu haben.
- Viele Christen haben das Gefühl, sie müssten mehr leisten und mehr können.
- Viele Christen haben das Gefühl, sie gelten nichts und leiden unter einem niedrigen Selbstwert.
- Viele Christen haben das Gefühl, sie können sich abrackern und reichen doch nie aus.
- Viele Christen haben das Gefühl, dass Schuld, Furchtsamkeit und Selbstverdammung ständig wie ein Damokles-Schwert über ihren Häuptern schweben.

Viele Christen, die eine depressive Struktur widerspiegeln, haben ein überempfindliches Gewissen, reagieren mit übergroßen Schuldgefühlen und neigen zur Gesetzlichkeit. In ihrer Gesetzlichkeit schwingt große Angst mit. Sie klammern sich an Äußerlichkeiten, an Gebote und Verbote, und überbetonen alle Bestimmungen. Je größer das Vollkommenheitsstreben, desto zerbrechlicher das Gewissen. Je größer der Perfektionismus, desto niedriger das Selbstwertgefühl.

Perfektionismus – Ehrgeiz – Depression

Ein Selbsterforschungsfragebogen

	stimmt	stimmt nicht
Auch wenn ich sehr aktiv bin, spüre ich trotzdem eine innere Leere.		
Wenn ich viel Erfolg habe, erwarte ich trotzdem wenig Befriedigung.		
Wenn ich Schwachstellen erkenne, strenge ich mich doppelt an.		
Wenn ich vollen Einsatz aufbiete, stellt sich keine Zufriedenheit ein.		
Ich fühle mich wie ein Hamster im Laufrad, ich komme nicht richtig vorwärts.		
Wenn ich Ruhe und Muße habe, werde ich trotzdem nervös.		
Wenn ich auf vollen Touren laufe, geht es mir einigermaßen gut.		
Wenn ich intensiv Fitness-Training und Sport betreibe, fühle ich mich am wohlsten.		

Wenn ich im Sport bis zur Erschöpfung kämpfe, erlebe ich für Augenblicke Befriedigung.		
Wenn ich voll engagiert bin, bin ich nicht mit meinen Problemen allein.		
Wenn ich viel leiste und Erfolg habe, kann ich mich trotzdem nicht richtig freuen.		
Wenn ich zur Ruhe komme, überfällt mich ein nachhaltiges Grübeln.		
Wenn ich durch Arbeit, Gefordert-Werden und Stress ausgefüllt bin, ist das die beste Ablenkung.		
Wenn ich auf andere höre, sagen sie, dass ich mich ständig überfordere.		
Wenn ich mich hängen lasse, geht es mir noch schlechter.		
Wenn ich besser schlafen könnte, ginge es mir besser.		
Wenn ich schlechte Laune bekomme, stürze ich mich in Arbeit.		
Wenn ich auch unzufrieden bin, ich zeige nach Möglichkeit immer ein freundliches Gesicht.		

Hinweise für den Selbsterforschungsfragebogen „Perfektionismus – Ehrgeiz – Depression"

- Füllen Sie den Fragebogen ehrlich aus. Die Aussagen beinhalten Tendenzen und keine wissenschaftlich exakten Ergebnisse. Wenn Sie im Zweifel sind, ob Sie „stimmt" oder „stimmt nicht" anstreichen sollten, überprüfen Sie, wohin Ihr Gefühl stärker zeigt.
- Perfektionismus, Ehrgeiz und Depression sind miteinander verschwistert. Die eine Persönlichkeitseigenart unterstützt in der Regel die andere. Im Grunde sind alle vor-

gestellten Aussagen problematisch. Sie zeigen den gestressten, ehrgeizigen und perfektionistischen Menschen. Auch wenn die Arbeit den Betreffenden auffrisst und trotzdem Freude macht, sind die Gefahren nicht damit abgewendet.

- Je mehr „stimmt"-Antworten Sie gegeben haben, desto eher haben Sie mit depressiven Symptomen zu tun. Wenn Sie mehr als 10 „stimmt"-Antworten zählen, ist es ratsam, sich mit einem Facharzt bzw. mit einem Therapeuten oder einem Fachseelsorger zu unterhalten.
- Die Selbstüberforderung kann leicht zu körperlichen Symptomen und Krankheiten führen bzw. zu seelischen Zusammenbrüchen und zum Burn-out.

Anzeichen für eine Überforderung sind:
- das Gefühl der Erschöpfung und völlige Durchhänger;
- das Gefühl, nicht weiter durchhalten zu können;
- das Gefühl, nicht abschalten zu können;
- das Gefühl, bedroht zu werden, Angst vor Schlaflosigkeit und Alpträumen;
- das Gefühl, von anderen Menschen bedrängt und eingeengt zu werden;
- das Gefühl, von unbestimmten Ängsten heimgesucht zu werden.

Perfektionismus und Zorn

Wer dem Perfektionismus huldigt, produziert im tiefsten Herzen Zorn. Wie ist dieser Zorn zu verstehen? Es ist ein Zorn, der sich schwergewichtig gegen Gott richtet. In den Augen des Perfektionisten
– ist Gott der Fordernde,

– ist Gott der mit uns Unzufriedene,
– ist Gott der Grausame, der die Messlatte immer höher legt.

Es unterliegt keinem Zweifel, dass der Perfektionist eine Karikatur von Gott aufgestellt hat. Der Perfektionist terrorisiert sich selbst und schiebt dem lebendigen Gott die Verantwortung in die Schuhe.

Da aber perfektionistische Christen nicht zornig sein dürfen, unterdrücken sie ihren Zorn und schieben ihn ins Unbewusste ab. Es entstehen seelische Störungen, der Stress schädigt das Organsystem und der innere Druck entlädt sich in schwachen Körperteilen.

Der Franziskaner Richard Rohr hat in seinen Erfahrungen mit dem „Enneagramm" sich selbst charakterisiert:

„Es ist für mich als EINS am leichtesten, meine eigene Sünde zu beschreiben. Irgendwann in unserem Leben haben wir die Überzeugung gewonnen, dass nur Vollkommenes liebenswert ist. Man muss das Recht, geliebt zu werden, verdienen. Es ist für EINSer schwer, sich vorzustellen, dass Unvollkommenes und Gebrochenes Liebe verdient. ... Die EINS ist fortwährend von der Realität enttäuscht, weil sie immer hofft: Jetzt kommt endlich mal was Vollkommenes! Diese Enttäuschung verdichtet sich zur Wut. Es ist nicht die Wut auf irgendetwas Bestimmtes, sondern ein gestaltloser, universeller Ärger, der Ärger über die Unvollkommenheit der Welt." [6]

Richard Rohr ist sich im Klaren darüber, dass dieser Zorn vorzüglich getarnt wird mit Idealismus und Eifer. Der Christ mit Perfektionismus sieht seine Unvollkommenheit und glaubt, dass Gott nur Vollkommene lieben kann. Darum rackert er sich ab. Er lebt so, als müsste er sich das Himmelreich verdienen. Er weiß es mit dem Kopf, aber mit Füßen,

Mund und Händen tut er das Gegenteil. Seine Wurzelsünde ist der Zorn. Richard Rohr hat diese Wurzelsünde auch bei sich erkannt.

Perfektionismus und Unzufriedenheit

Der Perfektionist ist in seinem Vollkommenheitsstreben niemals ein zufriedener Mensch. Zufrieden kann er nicht sein, weil alles, was er denkt, fühlt, glaubt oder tut, verbesserungswürdig ist. Der Versuch, perfekt zu sein, beinhaltet eine enorme Anspannung. Der Mensch fühlt sich ausgelaugt und kann sein Resultat nicht genießen. Die Logik des Perfektionisten lautet:
– „Wenn ich es vollkommen schaffe, kann ich mich annehmen."
– „Wenn ich es perfekt hinkriege, fühle ich mich gut."
– „Wenn es mir vollkommen gelingt, bekomme ich die notwendige Anerkennung."

Weil er seine Ziele nicht perfekt erreicht, bleibt er unglücklich und unzufrieden. Glück spiegelt Zufriedenheit wider. Aber glücklich kann er nicht sein, weil ihm das meiste nicht glücklich gelingt.
Zufriedenheit hat mit Frieden zu tun. Der Zufriedene hat Frieden in sich, mit den anderen und mit Gott. Der Unzufriedene liegt im Streit mit sich, mit den anderen und mit Gott. Seine Friedlosigkeit ist sein Markenzeichen. Friede ist ein hebräisch-aramäisches Wort und bedeutet einen Zustand, wo man unversehrt, unbeschädigt ist, wo man keinen feindlichen Angriffen von innen und außen ausgesetzt ist. Andererseits hat Friede auch die Bedeutung von „gutem Einvernehmen", „verbunden sein" und Gemeinschaft mit

Freunden, Nachbarn und Familienangehörigen. Noch heute lautet der Gruß im Orient: „Friede sei mit dir."
Und diesen umfassenden Frieden vermisst der Perfektionist. Er fühlt sich inneren und äußeren Anfeindungen ausgesetzt. Ihm fehlen die innere Ruhe, die Ausgeglichenheit und das „gute Einvernehmen" mit sich, mit den anderen und mit Gott.

Perfektionismus oder die Ich-sollte-Tyrannei

Perfektionisten haben oft ein entsprechendes Vokabular. Es gibt Ausdrücke, die bei ihnen ständig wiederkehren.
– „Ich muss ..."
– „Ich müsste eigentlich ..."
– „Ich sollte ..."
– „Ich darf nicht ..."

Perfektionisten laufen absoluten Forderungen hinterher. Ständig machen sie sich Vorhaltungen und nörgeln an sich herum.
– „Ich *muss* meine Mutter anrufen. Ihr geht es nicht gut."
– „Ich *müsste* unbedingt Herrn X einen Brief schreiben. Das bin ich ihm schuldig."
– „Ich *sollte* weniger essen. Mein Cholesterinspiegel ist zu hoch."

Die Ausdrücke verraten, dass ein Zwang im Hintergrund steht. Jemand sitzt diesen Menschen im Nacken und treibt sie an. Wer diese Ausdrücke verwendet, versetzt sich in die Rolle des Opfers. Auf der anderen Seite wird ein großer Widerstand deutlich. Freiwillig tut er es nicht.

Wer sich ernsthaft entschieden hat, dieses zu tun und jenes zu lassen, sagt:
- „Ich *werde* heute einen Brief schreiben!"
- „Ich *will* gleich die Arbeit in Angriff nehmen!"
- „Ich *habe beschlossen*, dieses oder jenes zu tun."

Seelsorger sollten ernsthaft den Ratsuchenden hinterfragen, wenn er „Muss-Sätze" oder „Sollte-Sätze" formuliert.
- „Sie benutzen den Begriff ‚müsste eigentlich'. Was wollen Sie damit ausdrücken?"
- „Sie formulieren ‚Ich sollte'. Was tun Sie wirklich und wie gehen Sie mit solchen Gewissensansprüchen um?"

In den Sollte-Sätzen und Muss-Sätzen schwingt die Unzufriedenheit mit. Der Perfektionist leidet unter Kompromissen. Er will nicht einigermaßen arbeiten, er will 100%ig arbeiten. Er will nicht halbwegs glauben, sondern felsenfest seinen Glauben bekennen.

In den Formulierungen des Perfektionisten schimmern Schuldgefühle hindurch. Er ist hinter den Maßstäben, die andere ihm gesetzt haben oder die er sich selbst zumutet, zurückgeblieben. Alfred Adler hat den Satz formuliert: „Schuldgefühle sind die guten Absichten, die wir nicht haben." Muss-Sätze und Sollte-Formulierungen beinhalten Schuldgefühle, die nicht ernst zu nehmen sind. Perfektionisten leiden unter Schuldgefühlen, sie zeigen Reuegefühle, leiden an sich selbst, aber handeln tun sie trotzdem nicht.

Der Psychotherapeut Peter Schellenbaum hat in seinem Buch „Abschied von der Selbstzerstörung" den griechischen Heroen Sisyphos als Bild für die Selbstzerstörung, für die Gewalt des Menschen gegen sich selbst, beschrieben.

Was ist Selbstzerstörung?
- Gewalt gegen sich selbst
- Selbstausbeutung
- Sich mit falschen Maßstäben zugrunde richten
- Härte gegen sich selbst
- Radikale Kontrolle über sich selbst gewinnen
- Sich selbst keinen Fehler verzeihen können

Sisyphos ist ein Beispiel für die Selbstzerstörung. Er muss einen schweren Stein zum Gipfel hinaufstemmen. Mit übermenschlicher Selbstüberwindung stößt er den Stein in die Höhe. Die Kräfte des Heroen lassen nach, ja näher er dem Gipfel kommt. Bevor er den höchsten Punkt erreicht, nimmt das Gewicht des Steines zu. Sisyphos kann den Stein nicht mehr halten. Die schwere Last rollt zurück. Die Arbeit war vergebens. Aber der Held macht sich wieder an die unlösbare Aufgabe. Immer wieder geschieht das Missgeschick. Der Stein ist stärker, die Last drückt den Heroen. Der Held wird immer entmutigter. Er verkrampft sich.
Schellenbaum sieht in Sisyphos Menschen, die idealistisch höchste Ziele anstreben und gleichzeitig resignieren. Sie wollen unbedingt die Kontrolle in ihrem Leben behalten und fallen doch enttäuscht in die Tiefe. Der Kontrollzwang hat den Sinn, dem befürchteten Chaos entgegenzuwirken und fehlerlos Alltag und Sonntag zu bestehen.

Das Entsetzliche ist, dass der Mensch mit Vollkommenheits-vorstellungen wie ein Besessener gegen Fehler und Versagen ankämpft und dann doch enttäuscht zusammenbricht, weil ihm die Fehlerlosigkeit nicht gelingt. Es ergeht ihm wie Sisyphos, den vor dem Gipfel die Kräfte verlassen und der selbstzerstörerisch aufgibt.

Viele Perfektionisten sind *Überflieger*. Sie wollen höher, weiter und schneller fliegen als andere. Sie geben das Letzte, und wenn sie scheitern, brechen sie völlig zusammen. Selbstzerstörung beinhaltet,
– wer nur auf die eigene Leistung schaut,
– wer sich und das Leben völlig kontrollieren will,
– wer sich ständig mit andern vergleicht und sich übernimmt,
– wer an Entscheidungen festhält, die er einmal getroffen hat und sich nicht verändern kann.

Perfektionisten sind fehlerorientiert

Überspitzt formuliert gibt es zwei Sorten von Menschen. Die einen sind *erfolgsorientiert*. Sie glauben an sich, haben ein gutes Selbstvertrauen, packen Arbeiten ruhig und zuversichtlich an. Ihnen gelingt in der Regel ihre Arbeit. Sie haben Erfolg.

Und dann gibt es Menschen, die sind *fehlerorientiert*. Ihre Befürchtungen bremsen ihre Leistungen. Sie haben Angst Fehler zu machen, zu versagen oder durchzufallen.

Perfektionismus ist eine Schuld, die viele Christen unwissend praktizieren. Sie glauben daran, tugendhaft, wahrhaftig und perfekt in der Nachfolge zu stehen. Aber sie spüren nicht, wie nörglerisch, kritisch und unzufrieden sie sind.

Friedrich Hebbel hat es einmal so formuliert: „Es gibt Leute, die nur aus dem Grunde in jeder Suppe ein Haar finden, weil sie, wenn sie davor sitzen, so lange den Kopf schütteln, bis eins hineinfällt."

Perfektionisten, Pessimisten und Unzufriedene schütteln in der Tat den Kopf so lange, bis sie Fehler und Mängel entdecken. Perfektionisten sind fehlerorientiert. Sie glauben an Fehler und Irrtümer.

Eine Jurastudentin zählt sechs Nachteile ihres Perfektionismus auf:

- „Erstens macht er mich angespannt und nervös, so dass ich manchmal nicht ausreichend Leistungen zustande bringe.
- Zweitens fehlt mir oft die für kreative Arbeit nötige Bereitschaft, auch Fehler in Kauf zu nehmen.
- Drittens hält er mich davon ab, Neues auszuprobieren.
- Viertens macht er mich zu selbstkritisch und verdirbt mir alle Freude am Leben.
- Fünftens kann ich nie entspannen, weil ich immer wieder etwas finde, was nicht perfekt ist.
- Sechstens macht er mich intolerant gegenüber anderen und man hält mich für eine Nörglerin."

Der Perfektionist straft sich selbst und ist gnadenlos. Er lebt nicht von der Gnade Gottes. Er durchforscht sich und macht sich verrückt. Alle Freude am Leben ist verdorben. Und was hilft alle Perfektion? Es hilft nur eins, dass wir uns klar machen: Gott ist für Sünder gestorben, das heißt für *Unvollkommene*, für Menschen mit Fehlern und Schwächen. Der Perfektionist braucht streng genommen Jesus nicht.

– *Er* will selbst makellos und vollkommen dastehen.
– *Er* rackert sich ab und überfordert sich.
– *Er* strebt die Reinheit an und nennt es Heiligung.

Unsere Welt ist nicht völlig sicher und vollkommen. Und kein Mensch ist frei von Fehlern und Kritik. Doch von Zeit zu Zeit erleben wir alle Tage, in denen wir übertrieben Furcht davor haben zu versagen, geliebte Dinge oder Menschen zu verlieren, dem Druck der Verantwortung nicht gewachsen zu sein. Und wir kapieren, dass wir nicht perfekt sind.

Viele Menschen fühlen sich tief im Innern bedroht, weil sie unfähig sind, Ungewissheit und Unvollkommenheit zu tolerieren. Ist es nicht auffällig, dass etwa 5 Millionen Amerikaner darunter leiden, dass sie Sicherheit, Vollkommenheit und Vorhersehbarkeit nicht beherrschen, und krank werden? Was tun solche Menschen? Sie wollen ihre Befürchtungen und Ängste in den Griff bekommen. Sie wollen ihre Sorgen und unangenehmen Gedanken beherrschen. Eine Möglichkeit: Sie reagieren mit Kontrollzwang.

Kontrollzwänge haben den Sinn, mögliche „Katastrophen" abzuwenden. Sie wollen den Menschen vergewissern,
– dass der Gasherd abgeschaltet ist,
– dass Fenster und Türen verriegelt sind,
– dass ein Schriftstück fehlerfrei erstellt wurde,
– dass Fehler und Versäumnisse vermieden werden,
– dass andere Menschen nicht durch uns zu Schaden kommen.

Der Kontrollzwang kann auch ein bestimmtes Ordnungsverhalten widerspiegeln. Diese Menschen brauchen eine gewisse Symmetrie. Pedantisch genau wird das Bett gemacht. Kein einziges Fältchen darf zu sehen sein. Die Vitamine, die tagsüber eingenommen werden sollen, werden in einem speziellen Muster auf dem Küchentisch platziert. Menschen mit diesem Zwang zur Ordnung verbringen viel Zeit damit, alle Dinge an den richtigen Platz zu stellen. Hat jemand ihre Ordnung zerstört, werden sie wütend und unleidlich.

Wie entwickelt sich so ein Kontrollzwang? – Die Regel lautet: Je verbissener Sie den Gedanken, alles kontrollieren zu müssen, bekämpfen, desto mehr halten Sie ihn aufrecht. Der Kontrollzwang wird also durch einen *Widerspruch* verstärkt. Je mehr Sie einen solchen Gedanken abwehren wollen, desto stärker werden Sie von ihm verfolgt. Den Menschen, die unter Schlaflosigkeit leiden, ergeht es ähnlich. Was geschieht?

Wenn Sie einem Gedanken Widerstand entgegensetzen, beschäftigen Sie sich mit diesem Gedanken. Sie sind an ihn gebunden. Sie haben eine Beziehung zu ihm aufgenommen. Sie werden ihn nicht mehr los.

Und die Fachärzte beschreiben ein zweites Phänomen. Wenn Sie befürchten, dass ein bestimmter Gedanke wiederkehrt, begibt sich Ihr Körper in Abwehr und schüttet eine biochemische Substanz aus, das so genannte *Epinephrin*. Diese Substanz bereitet Ihren Körper auf Kampf vor:

– Ihre Muskeln verspannen sich.

– Ihr Herzschlag und Ihre Atmung werden beschleunigt.

– Ihre Gedanken beginnen zu rasen.

– Sie sind an den Gedanken, den sie loswerden wollen, gefesselt.

Immer, wenn Sie gegen Kontrollzwänge Sturm laufen, wenn Sie gedanklich dagegen ankämpfen und sich Sorgen machen, die Kontrollgedanken könnten Sie wieder einholen, sind sie schon da.

Sie denken sicher auch: „Das ist ein Widerspruch. Der Perfektionist ist niemals unordentlich." Viele Beispiele aus Seelsorge und Beratung lassen sich anführen, um zu beweisen, dass Perfektionisten schluderig sein können.

Ich möchte Ihnen ein Beispiel erzählen. – Herr Wegmann ist ein Perfektionist. Pünktlich um 15 Uhr kommt er zur Beratung. Keine Minute zu früh, keine Minute zu spät. Ordnung ist das halbe Leben. Er hat ein „großes Problem", sagt er. Ich bitte ihn, sein Problem ausführlich darzustellen.

„Sehen Sie, das ist so. Ich habe ein Auto, einen Audi A 4. Farbe stratosilber, damit Sie einen Eindruck haben. Im Prinzip bin ich sehr eitel und gewissenhaft. Aber eins verstehe ich nicht. Das Auto ist in der Regel schmutzig und im Kofferraum sieht es aus wie Sodom und Gomorra. Meine Frau versteht mich auch nicht. Denn sie hält mich für einen Perfektionisten, der alles – im Prinzip auch das Auto – tadellos sauber hält. Im Grunde verstehe ich mich auch nicht."

Ich: „Was verstehen Sie im Grunde nicht?"

Er: „Dass ich das Auto nicht pingelig sauber halte, wie ich es sonst bei allen Dingen, die ich besitze, tue."

Ich: „Sie halten sich also schon für einen pingeligen Menschen, wie Sie es sagen?"

Er: „Ja, das stimmt, ich bin ein Pedant. Nur das Ordentliche, das Saubere und das Vollkommene zählt."

Ich: „Was glauben Sie, hält Sie ab, Ihr Auto auch so pedantisch sauber zu pflegen?"

Er (überlegt sehr lange und sucht eine Antwort): „Vorgenommen habe ich es mir schon oft, aber wenn ich an die Stunden denke ... "

Ich: „An die Stunden der Arbeit, meinen Sie das?"

Er: „Genau!"

Ich: „Aber wieso muss die Säuberung Ihres Wagens Stunden in Anspruch nehmen? Sie können doch für eine leidliche Ordnung sorgen!"

Er: „Leidliche Ordnung – das gibt es nicht für mich!"

Ich: „Ich verstehe Sie so, dass die Ordnung hundertprozentig sein muss!"

Er (lächelt): „Im Grunde hätte ich es nicht treffender ausdrücken können!"

Ich: „Mit anderen Worten: Sie fangen eine Arbeit nicht an, wenn Sie sie nicht hundertprozentig pingelig erledigen können?"

Er (legt seine Stirn in Falten): „Das ist es. Ja, das ist es. Wenn ich etwas nicht vollkommen erledigen kann, fange ich erst gar nicht an!"

Ich: „Und wie lange dauert normalerweise eine vollkommene Säuberung Ihres Autos?"

Er: „Etwa einen ganzen Tag. Wenn ich an einem Samstag drangehe, bin ich von morgens bis abends beschäftigt. Und das kann ich mir nur selten erlauben."

Schauen wir uns das Gespräch an. Kann der Perfektionist Unordnung ertragen? Einige Gesichtspunkte:

Gesichtspunkt Nr. 1: Der Perfektionist kann Unordnung ertragen.

Auch wenn es ihm schwer fällt. Er leidet. Aber Halbheiten hasst er. Eine „leidliche Ordnung" ist keine Ordnung. Er strebt das Vollkommene an, und diese Vollkommenheit braucht Zeit.

Gesichtspunkt Nr. 2: Der Ratsuchende hat ein „großes Problem".

Das ist typisch für den Perfektionisten. Er macht aus Mücken Elefanten. Kleinigkeiten werden dramatisiert. Fehler und Mängel zu übersehen, fällt ihm schwer. Je perfektionistischer ein Mensch denkt, desto mehr leidet er unter Schwächen und Unvollkommenheiten. Ihm fehlt der Mut zur Unvollkommenheit.

Gesichtspunkt Nr. 3: Der Pedant und Pingel macht sich das Leben schwer.

Er kann nicht großzügig denken. Es fällt ihm schwer, über sich und andere zu lachen. „Humor ist, wenn man trotzdem lacht!" Wer Fehler übersehen, Schwächen beiseite legen und Unvollkommenheiten belächeln kann, ist ein glücklicher und zufriedener Mensch. Der Perfektionist versteht es, sich selbst ein Bein zu stellen.

Perfektionismus und die Gaben-Bremse

Perfektionisten wollen keine Fehler machen. Wer aber keine Fehler machen will, muss alle Aktivitäten bremsen. Er tut gut daran, seine Talente zu vergraben.

Da ist die Geschichte, die uns Jesus von einem Mann erzählt, der verreisen wollte. Vorher rief er seine Diener zusammen und vertraute ihnen sein Vermögen an. Dem einen gab er fünf Zentner Silbergeld, dem anderen zwei Zentner und dem dritten einen Zentner, je nach ihren Fähigkeiten. Der letzte Halbsatz ist entscheidend. Jesus kennt auch unsere Begabungen. Er schätzt alle Menschen richtig ein. Von Christen mit hohen Begabungen erwartet er mehr als von Menschen mit kleinen Begabungen. Niemand wird von ihm überfordert. Niemand wird getadelt, dass er nur kleine Möglichkeiten zur Verfügung hat. Wenn aber jemand das anvertraute Gut in den Safe packt, wenn jemand seine Talente vergräbt, dann erfährt er Gottes Urteil.

Perfektionisten, die Fehler machen könnten, sind solche Gaben-Bremser. Ihre Befürchtungen sind größer als ihr Wagemut, ihre Ängste sind größer als ihre Fähigkeiten. Perfektionisten wittern tausend Pleiten. Sie grübeln in alle Himmelsrichtungen und lähmen ihre Kräfte. Perfektionisten stehen sich selbst im Wege. Sie blockieren ihr Leben.

Der Benediktiner-Prior Anselm Grün kennzeichnet diese Angsthasen so:

„Der Angsthase. Die Angst vor dem Herrn ist der Grund dafür, dass der Diener sein Talent vergräbt, dass er am Leben vorbei lebt. Er möchte auf jeden Fall vermeiden, einen Fehler zu machen. Er möchte auf Nummer sicher gehen. Und die Angst treibt ihn dazu an, sich und sein Leben zu kontrollieren. Er hat Angst vor dem Tod, Angst vor Versagen, Angst, sich vor anderen zu blamieren."[7]

In der Tat, Menschen mit einem mangelhaften Selbstbild haben in der Regel ein mangelhaftes Gottesbild. Die Lebensangst des Perfektionisten blockiert ihn auf allen Gebieten. Der Perfektionist grübelt und sichert zu viel. Jesus geht hart mit diesen Menschen ins Gericht. Ihnen wird alles genommen, was sie haben.

Viele Christen versuchen, idealistisch zu leben. Ihre Ansprüche an sich und andere sind riesig. Wie kann sich dieser Idealismus äußern?

- Sie können sich Fehler nicht verzeihen.
- Sie praktizieren heftige Selbstbeschuldigungen.
- Sie wollen alle Leidenschaften niederringen.
- Sie reagieren mit übergroßen Schuldgefühlen.
- Sie lassen in der Ehe, in der Kindererziehung, im Haushalt und im Glauben nur das Höchste und Beste zu.

Dieser Idealismus macht den Christen unfroh. Er unterzieht sich einem „geistlichen Terror", der biblisch und geistlich unverantwortlich ist. Christen legen sich Lasten auf, die ihnen Gott nicht auferlegt hat. Ihre Maßstäbe, die sie an *alles* legen, sind überhöht. Werden diese Maßstäbe nicht erreicht, fallen diese Menschen in Resignation und Bitterkeit. Ihre Enttäuschungen sind selbstzerstörerisch.

Der Franziskaner-Pater Richard Rohr beschreibt mit entwaffnender Ehrlichkeit, wie Perfektionismus und Idealismus zusammenhängen:

„EINSer sind Idealisten, die von einer tiefen Sehnsucht nach einer Welt der Wahrheit, Gerechtigkeit und moralischen Ordnung angetrieben werden. Sie tun sich schwer, eigene und fremde Unvollkommenheiten zu akzeptieren. Ich selbst bin eine EINS. Von klein an haben wir EINSer meistens versucht, Musterkinder zu sein. Schon in sehr jungen Jahren haben wir jene ausgesprochenen oder unausgesprochenen Stimmen internalisiert, die gefunkt haben: ,Sei brav! Benimm dich! Streng dich an! Sei nicht kindisch! Mach es besser!' ... Oft ist eins der beiden Elternteile eine EINS, moralistisch, perfektionistisch oder ewig unzufrieden."[8]

Nach dem „Enneagramm" sind die EINSer die Moralischen und die Perfektionisten. Häufig Musterkinder und Idealisten, die die Erwartungen ihrer Eltern zu erfüllen trachten. Ihre überehrgeizigen Ziele und ihre überzogenen Ideale machen sie unzufrieden und unglücklich. Ihre Enttäuschung ist groß, weil sie auf vielen Gebieten ständig hinter idealistischen Maßstäben herlaufen. Viele Idealisten üben Verzicht. Ihre Askese ist in erster Linie Selbstbeschränkung. Sie wollen ihre Triebe, ihre Gefühle und alle Bedürfnisse unter Kontrolle behalten. Unter der Hand werden diese Idealisten zu Pharisäern.

Perfektionistische Lebensstile

Ein Selbsterforschungsfragebogen

	falsch	stimmt etwas	stimmt voll
Wenn ich nicht perfekt bin, wird man mich zurückweisen.			
Wenn ich einen Fehler mache, hat das schlimme Folgen.			
Wenn ich perfekt arbeite, erkennt man mich an.			
Wenn ich perfekt bin, bringt man mich nicht in Verlegenheit.			
Wenn ich einen Fehler mache, demütigt man mich.			
Wenn ich es richtig mache, kann ich mich endlich selbst annehmen.			

	falsch	stimmt etwas	stimmt voll
Wenn ich Perfektion erreiche, finde ich meinen inneren Frieden.			
Wenn ich perfekt handle, werde ich belohnt.			
Wenn andere mich nicht akzeptieren, bin ich nicht in Ordnung.			
Wenn ich einen Fehler mache, bin ich wertlos.			
Wenn ich es nicht immer wieder versuche, reiche ich nicht aus.			
Wenn ich nicht perfekt bin, ist man mit mir unzufrieden.			
Wenn ich es perfekt mache, wird alles gut.			
Wenn ich mich um Vollkommenheit bemühe, werde ich doch nie gut genug sein.			
Wenn andere mich gut finden, dann bin ich es wahrscheinlich auch.			
Wenn ich es perfekt mache, wird es allen auffallen.			
Wenn ich nicht perfekt bin, bin ich ein Versager.			
Wenn ich alle Dinge richtig mache, bin ich zufrieden.			
Wenn ich mich richtig verstehe, kann man alles nur richtig oder falsch machen.			

Hinweise für den Selbsterforschungsfragebogen „Perfektionistische Lebensstile"

- Füllen Sie den Fragebogen ehrlich aus und machen Sie ein Kreuz in eins der drei Fächer.

- Ihr Lebensstil beinhaltet Ihre Denk-, Fühl- und Verhaltensmuster. Er beinhaltet Ihre wichtigsten Glaubens- und Lebensüberzeugungen.

- Im Grunde spiegeln alle 19 Aussagen eine perfektionistische Grundeinstellung wider. Wie oft haben Sie „stimmt etwas" bzw. „stimmt voll" angekreuzt?

- Wenn Sie etwa 15-mal ehrlich „falsch" angekreuzt haben, sind Sie mit relativer Sicherheit kein Perfektionist und leiden sehr wahrscheinlich nicht unter Unzufriedenheit und Unglücklichsein.

- Haben Sie Lebens- und Arbeitsprobleme? Leiden Sie unter Unzufriedenheit und Stress? Spüren Sie psychosomatische Belastungen? Je mehr Sie diese Fragen positiv beantworten müssen, desto mehr sollten Sie sich um eine Korrektur Ihres Lebensstiles bemühen, der höchstwahrscheinlich auf Vollkommenheitsstreben hindeutet.

Wie kann Perfektionismus entstehen?

Es gibt keine Patentantworten. Die Entstehungsgeschichte ist auch nicht bei allen Menschen gleich. Sicher spielen Erfahrungen der Kinder mit der Umwelt eine große Rolle. Wie hat das Kind Vater und Mutter erlebt? Welche Selbsteinreden hat es im Laufe der Jahre vorgenommen? Wie erleben Kinder und Jugendliche ihren Selbstwert?

In den letzten Jahren ist kontrovers diskutiert worden, was das Wesen der Persönlichkeit ist. Wird man mit bestimmten Charaktereigenschaften geboren? Formt sich die Persönlichkeit anhand von Erfahrungen mit Eltern, Geschwistern, Großeltern und der Umwelt? Eine umfassendere Sichtweise geht heute davon aus, dass bei der Entwicklung der Persönlichkeit sowohl die Gene als auch die Erfahrung eine Rolle spielen. Auch wenn Kinder mit bestimmten Charaktereigenschaften geboren werden, gibt es doch viele Beweise dafür, dass emotionale Reaktionen, Verlässlichkeit, Selbstbildannahmen und auch Perfektionismus sich durch Erfahrungen mit Geschwistern und Eltern ausbilden können. Schauen wir uns einige Entstehungsmöglichkeiten an.

Möglichkeit 1:
Ohnmacht kann zum Allmachtsstreben führen

Ohnmachtsgefühle, das Empfinden von Verlorenheit und Hilflosigkeit, können Allmachtsgefühle produzieren. So jedenfalls stellt der Arzt und Psychoanalytiker Horst Eberhard Richter in einem seiner Bücher die Entstehungsgeschichte für Perfektionismus dar. Den Zusammenhang beschreibt er folgendermaßen:

„Seit dem Verlust der mittelalterlichen Gotteskindschaft leben wir in einer untergründigen heillosen Angststimmung, gegen die uns nur ein einziges Rezept eingefallen ist: uns selbst die totale Kontrolle über alle Ursachen und Kräfte aneignen zu wollen, von denen uns ja Ungemach drohen könnte. Das Entsetzen vor einer unerträglichen Verlorenheit und Ohnmacht in der Welt ist somit die eigentliche Antriebsenergie, die sich hinter dem Drang nach technischer Allmacht verbirgt." [1]

Was Richter psychoanalytisch erklärt, gilt auch entwicklungspsychologisch. Es ist eine Möglichkeit, wie sich Perfektionismus im Menschen ausbilden kann. Isolation und Hilflosigkeit, die dem Kind das Gefühl vermitteln, in einer potenziell feindlichen Welt zu leben, lassen einen Drang nach Perfektion im Erwachsenenalter entstehen. Die Grundangst fördert die Reaktion, mit Perfektionismus den Unvollkommenheiten dieser Welt zu begegnen.

Möglichkeit 2:
Ich bin ein Musterkind

Es leuchtet ein: Musterkinder müssen sauber, überlegen, gehorsam und perfekt sein. Das oft unbewusste Ziel der Kinder heißt:

- Ich will ankommen, und das erreiche ich durch mustergültiges Verhalten.
- Ich werde geliebt, weil ich gehorsamer als andere Kinder bin.
- Ich werde herausgestellt, weil meine Eltern stolz auf mich sein können.

- Ich werde bewundert, weil ich edle Ziele verfolge.
- Ich verschaffe mir Ansehen, weil meine Makellosigkeit imponiert.
- Ich stehe bei Gott durch Perfektionismus in einem besonderen Lichte da.

Musterkinder werden nicht nur durch hohe und überhöhte Erwartungen der Eltern zu solchen Perfektionisten. Musterkinder haben bei sich selbst entdeckt:
– Du wirst geliebt, wenn du den Ansprüchen der Eltern entsprichst.
– Du wirst geliebt, wenn du dein Leben perfekt gestaltest.

Möglichkeit 3:
Kritiksucht der Eltern kann zu Perfektionismus führen

Nicht wenige Eltern sind selbst perfektionistisch und kritisieren alle Unvollkommenheit bei ihren Kindern. Sie fördern gewollt oder ungewollt damit eine Lebenseinstellung, die lauten kann:
- Nur wenn ich perfektionistisch handele, werde ich akzeptiert.
- Nur wenn ich fehlerlos bin, gehe ich Leid und Schmerzen aus dem Weg.
- Nur wenn ich vollkommen den Erwartungen der Erwachsenen entspreche, kann ich der feindlichen Welt, die mich umgibt, trotzen.

Der Amerikaner David Stoop beschreibt eine der Entstehungsmöglichkeiten so:
„Viele Leute, die in meine Praxis kommen, berichten von Erlebnissen äußerster Zurückweisung, kalter Feindseligkeit

und gemeiner Brutalität in ihrer Kindheit. Eine Frau erzählte mir von den Schlägen, die ihre Mutter ihr jedes Mal mit einer Metallleiste verabreicht hätte, wenn sie nicht jede Kleinigkeit bei der Beaufsichtigung ihrer jüngsten Geschwister befolgt hätte. Als ihr älterer Bruder sie vergewaltigt hatte, lachte die Mutter sie aus und glaubte den Unschuldsbeteuerungen des Bruders. Ihre notvolle Kindheit war Ursache ihres im Erwachsenenalter auftretenden Perfektionismus, denn alles, was nicht perfekt war, konnte ja neue Schmerzen heraufbeschwören." [2]

Perfektionismus auch nur eines Elternteils, von dem das Kind sehr abhängig ist, kann die Bereitschaft im Kind fördern, selbst perfektionistisch zu denken und zu handeln.

Möglichkeit 4: Nur wenn es dem anderen vollkommen gut geht, bin ich zufrieden

Den Perfektionismus gibt es nicht. Er kann auch entfacht werden durch das Bestreben der Eltern oder eines Elternteils, es allen anderen Menschen im Umfeld der Familie vollkommen gut gehen zu lassen.

Die *anderen* sollen glücklich sein, die *anderen* sollen in dieser Familie positiv reden, die *anderen* sollen bedient, versorgt und perfekt betreut werden. Kinder, die diesen Lebensstil übernehmen und sich damit ihre Anerkennung sichern, geraten in einen Perfektionismus hinein, der nur das vollkommene Wohl der anderen im Auge hat. Sie selbst treten zurück, vernachlässigen ihre Bedürfnisse und geraten ebenso wie ihre Perfektionismus-Geschwister in große Unzufriedenheit. Das Sprichwort drückt die Misere dieser Menschen treffend aus: „Wer es allen recht machen will, sitzt zwischen allen Stühlen." Perfektionismus, auf welchem Gebiet auch immer, strebt unerreichbare Ziele an. Bei Licht besehen steht im Hintergrund fast immer ein lädiertes Selbstwertgefühl. Nur wer das verwegene Ziel verfolgt, es *allen* Menschen im Umfeld der Familie vollkommen gut gehen zu lassen, wer sich *über*mäßig anstrengt und *über*mäßige Opfer bringt, kann sein schwaches Selbstwertgefühl aufrechterhalten. In der Tat: Perfektionismus ist eine Sisyphos-Arbeit.

Möglichkeit 5: Alle Versäumnisse der Eltern und Erzieher können zum Perfektionismus führen

Es gibt eine Reihe angeborener Bedürfnisse, die von Eltern, Pflegepersonen oder Erziehern erfüllt werden müssen, um Sozialisationsschäden bei Kindern zu verhindern. Werden diese notwendigen Bedürfnisse nach emotionaler Zuwendung, nach sozialer Eingliederung, nach Zugehörigkeit, Nahrung und Pflege nicht erfüllt, kann sich im Kind ein falsches Selbstverständnis und ein mangelhaftes Selbstwertgefühl entwickeln. Viele Forschungen haben zweifelsfrei ergeben, dass
– seelische Vernachlässigung,
– mangelnde Geborgenheit,
– fehlendes Zugehörigkeitsgefühl,
– fehlende Bestätigung,
– gewollte oder ungewollte Ablehnung,
– übertriebener Zwang,
– sexuelle oder körperliche Misshandlung
ein falsches Selbstbewusstsein im Kind erzeugen.

Diese jungen Menschen suchen Bestätigung, Ehre und Anerkennung. Auf diesen Wegen können sie einen Perfektionismus entwickeln, der ihnen Bestätigung und Beifall einbringen soll. Mangelndes Selbstwertgefühl kann ein übermäßiges Bedürfnis nach Selbstachtung wachrufen. Macht- und Leistungsstreben werden zu beliebten Einstellungsmustern, um sich Bewunderung und ein Gefühl der Überlegenheit zu erwerben. Weil sie vernachlässigt, im Stich gelassen und nicht bestätigt wurden, können sie einen brennenden Eifer entwickeln und einem überzogenen Bild von sich nachjagen. Sie wollen etwas Besonderes sein und produzieren ein übermenschliches Anspruchsdenken.

Möglichkeit 6:
Der Druck der Umwelt

Wir leben in einer Welt, wo Perfektionismus eine große Rolle spielt. Wenn ich die Zeitung aufschlage und lese Berichte über die Formel-1, dann wird mir schwindelig. Bei einem internationalen Rennen geht es um Bruchteile von Sekunden, nicht um eine einzige volle Sekunde. Bruchteile einer Sekunde entscheiden über die Pole-Position. Die Perfektion der Mitarbeiter beim Boxenstopp entscheidet über Sieg und Niederlage.

Millimeter und Zentimeter entscheiden beim 100-m-Lauf. Kleinste Fehler in der Kalkulation entscheiden über Millionen-Verluste bei Großfirmen. In der heutigen Gesellschaft herrscht die Meinung vor, dass nur ein gesunder Körper, eine perfekte Figur, ein perfektes Outfit attraktiv sein können. Alles muss perfekt sein: der Körper, die Zähne, der Atem, die Farbabstimmung, die Bewerbung, das Zeugnis und das Auftreten.

Ich finde in wissenschaftlichen Untersuchungen bestätigt, dass schöne Frauen und Männer, die perfekt auftreten und perfekt gestylt sind, größere Chancen in der Wirtschaft haben. Überall wird verkündet, dass Durchschnittlichkeit nicht gefragt ist, dass Durchschnittsleistungen nicht ausreichen und Durchschnittsgaben keine Chance haben. Ist es da verwunderlich, dass Eltern und Erzieher diesem Perfektionismus-Trend hinterherlaufen?

Möglichkeit 7:
„Du kannst noch mehr leisten!"

Als Psychotherapeut für Kinder und Jugendliche, aber auch als Lehrer, habe ich viele Eltern und Erzieher erlebt, die ihre Kinder anstacheln, noch bessere Leistungen zu bringen. Wie lauten solche Botschaften?
- „Das war im Prinzip gut, aber du kannst noch mehr bringen!"
- „Zwei Einser auf dem Zeugnis sind klasse, aber zweimal ausreichend, das ist völlig unnötig."
- „Die gute Note im Diktat ist prima, aber die kleinen, dummen Komma-Fehler mussten wirklich nicht sein!"

Eltern und Erzieher senden negative Botschaften. Lob und Kritik werden in einem Atemzug genannt. Hinter der Kritik verbirgt sich häufig ein versteckter Perfektionismus der Eltern. Sie sind unzufrieden und fordern ihre Kinder auf, sich noch weiter zu verbessern. Ihr Anspruch ist höher, als sie in Wahrheit zugeben wollen. Zufriedene Eltern sprechen bedingungslos Lob und Erwartungen aus:
- „Eine gute Arbeit!"
- „Ich schätze dich und was du getan hast."
- „Du gehst einen guten Weg!"
Das Kind bekommt das positive Gefühl: Ich reiche aus, ich werde geliebt. Ich darf mich annehmen, wie ich bin.

Möglichkeit 8:
„Ich muss das Chaos bezwingen!"

Es gibt Perfektionisten, die haben eine verrückte Entwicklung hinter sich. Vieles war in ihrer Kindheit chaotisch.

Herr Simon hat so eine Kindheit erlebt. Heute ist er Elektromeister. Mit Ehrgeiz und Disziplin hat er sich nach oben gearbeitet. Sein Perfektionismus war ihm ein Rettungsanker, im Chaos der Familie einen Halt im Leben zu gewinnen. Als alles schwankte, die Eltern keinen Halt gaben und die Geschwister hin- und hergezerrt wurden, gab Herr Simon mit Ordnungsstrategien seinem Leben Profil.

Die Eltern wurden geschieden, schon Jahre vorher lebten sie in Unfrieden zusammen. In der Familie herrschte keine Ordnung, es gab keine Regeln, vieles ging drunter und drüber. Mal zog der Vater aus, dann war die Mutter für Wochen verschwunden. Verwandte des Vaters und der Mutter kamen, um die Familienbeziehungen und den Haushalt in Gang zu halten. Herr Simon steuerte mit Bedacht dagegen. Er lag als Junge nachts wach und plante den nächsten Tag und die nächsten Wochen. Er stellte Listen auf, was gemacht werden musste. Mit Fleiß klemmte er sich hinter die Schularbeiten. Stolz legte er sich schlafen, wenn er die Aufgaben erledigt hatte, die er sich tags zuvor aufgeschrieben hatte. Er wurde ein Perfektionist, um das Chaos um sich herum in den Griff zu kriegen.

Ich habe in der Beratung das Beispiel einer Mutter erlebt, die ihren Sohn großzügig und fast regellos erziehen wollte. Sie gab ihm viel Freiheit, verzichtete auf Verbote und ließ ihn sich frei entfalten. Als er in die Pubertät kam, wurde dem Jungen die Freiheit zum Ärgernis. Er wurde 17 Jahre alt und die Mutter erlaubte ihm, abends lange draußen zu bleiben. Jedes Mal fragte der Junge: „Wann muss ich wieder zu Hause sein?" Die Mutter antwortete: „Du entscheidest." Als er dann keine Ruhe gab, sagte die Mutter halb belustigt: „Ich erwarte, dass du 22.17 Uhr wieder zu Hause bist." Um 22.17 Uhr schellte es an der Haustür. Der Sohn war überpünktlich wieder daheim. Die Mutter verstand die Welt nicht mehr. Wie erklären wir uns das Verhalten?

- Möglich ist, dass der Sohn in der prinzipiellen Freiheit keine Lösung sah. Er brauchte feste Zeiten und Geländer, an denen er sich fortbewegen konnte.
- Die grenzenlose Freiheit beinhaltet auch eine größere Verantwortung. Ich kann machen, was ich will, trage aber auch die volle Verantwortung für mein Tun.
- Die Mutter hat dem Jungen immer zu verstehen gegeben, dass er sein Denken, Planen und Handeln selbst in die Hand nimmt, und dafür die volle Verantwortung übernimmt.

Wer völlig auf sich allein gestellt ist, vermisst die Geborgenheit, den Halt und den Schutz der Umgebung. Insgesamt: Perfektionismus kann sich einstellen, um der grenzenlosen Freiheit zu begegnen und das Chaos in den Griff zu bekommen.

Möglichkeit 9:
Strafen führen zum Perfektionismus

Viele Eltern versuchen durch Strafen die Leistungsbereitschaft ihrer Kinder zu fördern. Nicht alle Kinder werden dadurch zu Perfektionisten. Einige rebellieren jetzt erst recht, machen, was sie wollen, und unterlaufen die elterlichen Anordnungen. Sie gewinnen eine negative Antihaltung.

Gebote und Verbote werden missachtet. Die Rebellion wird zum Lebensinhalt.

Andere lassen sich durch Strafen reglementieren. Sie steigern ihre Bereitschaft zu gehorchen, Fehler zu vermeiden und perfekt zu handeln. Strafen können verbal, emotional und auch körperlich verabreicht werden. Weil etliche Kinder einen Weg gesucht haben, mit den elterlichen Maßstäben übereinzustimmen, haben sie sich perfektionistische Strategien zurechtgelegt. Sie wollen gefallen, wollen geliebt und belohnt werden und entscheiden sich für den Perfektionismus. Was sie machen, ist korrekt. Sie gehorchen aufs Wort, sind pünktlich und gewissenhaft und haben die Gewissheit, dass ihre Eltern sich wohlwollend ihnen gegenüber verhalten. Sie haben ihr Ziel erreicht: Perfektionismus ist ein Verhaltensmuster, das sie beliebt macht.

Möglichkeit 10:
Biologische Ursachen des Perfektionismus

Die international anerkannten Autoritäten auf dem Gebiet der Angsttherapie Edna B. Foa und Reid Wilson halten auch biologische Ursachen für Perfektionismus und bestimmte Zwänge, die damit zusammenhängen, für möglich. Sie schreiben:

„Anhand der Positronen-Emissions-Tomographie (PET) und anderer bildgebenden Verfahren hat sich gezeigt, dass Abnormitäten im Stirnlappen und den Stammganglien des Gehirns die Zwangssymptomatik beeinflussen können. Andere Studien weisen darauf hin, dass Abnormitäten bestimmter Neurotransmitter, das sind Botenstoffe des Gehirns, Einfluss darauf nehmen können. Eine dieser Substanzen, das Seroto-

nin, trägt dazu bei, Stimmungen, Aggression und das Trieb-
geschehen zu regulieren."[3]
Allerdings darf nicht übersehen werden, und darauf machen
die Forscher aufmerksam, dass unsere Gedanken unser Verhalten langfristig verändern und die Gehirnchemie beeinflussen. Es ist daher nicht mehr klar, ob der Perfektionismus
mit seinen Zwangsstörungen die *Ursache* im Gehirn hat,
oder ob die Gedanken, Befürchtungen und Ängste der Menschen die Gehirnsubstanz verändert haben.

Möglichkeit 11:
„Ihr werdet sein wie Gott!"

Wenn wir der Bibel Glauben schenken, hat das Vollkommenheitsstreben den Menschen seit Adam und Eva beherrscht.
Ehre und Anerkennung sind Einstellungsmuster, die den
Menschen bis heute charakterisieren. Adam und Eva hatten
im Garten Eden alles, was sie wollten und brauchten. Aber
der Perfektionismusdrang lag auf der Lauer. Und die
Schlange erkannte die Schwachstelle des Menschen. Sie for-
mulierte den Wunsch des Menschen: „Aber Gott weiß, so-
bald ihr davon esst, werden euch die Augen aufgetan, und
ihr werdet alles wissen, genau wie Gott" (1. Mose 3-5).
Sein wie Gott, das ist ein Urstreben des Menschen. Sein wie
Gott, das hat die ersten Menschen zur Sünde und zum Un-
gehorsam verleitet. Sein wie Gott, das reizt den Menschen,
Gott ins Handwerk zu pfuschen. Das Klonen von Menschen
ist ein Aspekt seiner Eifersucht, es Gott gleich zu tun. Das
Geschöpf erhebt sich gegen seinen Schöpfer. Es will selbst
Schöpfung und Architektur in den Griff bekommen. Perfektionismus, Stolz und Hochmut sind in der Tat Sünden, die in
der Natur des Menschen zu Hause sind.

Der Geisteskranke, der den Boden unter den Füßen verloren hat, der seine Kleinheit und Minderwertigkeit nicht ertragen kann, brüstet sich dann: „Ich bin Christus, ich bin Gott." Er glaubt zu sein, was andere laut oder leise anstreben.

Der Kreislauf von Perfektionismus und Enttäuschung

- Es handelt sich um einen zerstörerischen Kreislauf.
- An welcher Stelle des Kreislaufs ertappen Sie sich?
- Ein Denk- und Verhaltensmuster löst das andere ab.
- Wie können Sie aus dem Kreislauf aussteigen?

Das Kind hat angeborene Bedürfnisse, die von Eltern oder Pflegepersonen befriedigt werden müssen.

Die Bedürfnisse sind: physischer, mentaler, emotionaler, sozialer und geistlicher Art.

Das Kind braucht Nahrung, Pflege, Fürsorge und Erziehung.

Werden die Bedürfnisse nicht gestillt, gibt es Folgen:

durch indirekte Maßnahmen	*durch direkte Maßnahmen*
– Nahrungsentzug	– Ablehnung
– seelische Vernachlässigung	– Zurückweisung
– mangelnde Geborgenheit	– Auslachen
– mangelnde Liebe	– Ungerechtigkeit
– fehlende Zufriedenheit	– übertriebene Gesetzlichkeit
– fehlende Zugehörigkeit	– Misshandlung (verbal, see-
– fehlende Bestätigung	lisch und körperlich
– Erziehungsfehler (Ver-	– sexueller Missbrauch
wöhnung, Überbeschütz-	
ung und Härte).	

Folgen: *Entwicklung eines falschen Selbstbildes*
– Ungestillte Bedürfnisse müssen kompensiert werden.
– Der Mensch will gefallen.
– Der Mensch will etwas darstellen.
– Der Mensch strebt nach Überlegenheit, nach Einmaligkeit, nach Bedeutung.

Perfektionismus in der Erziehung

Die Gleise für Perfektionismus werden in der Kindheit gelegt. Das Kind wird betreut und versorgt. Und plötzlich sind die Betreuer verschwunden. Geborgenheit, Nahrung und Schutz werden von den Riesen vermittelt, doch plötzlich sind sie nicht da. Es ist Nacht und die Hilflosigkeit überwältigt das Kind. Es schreit und niemand kommt. Es ist verzweifelt und die „Riesen" hören nicht. Eine Grundangst macht sich breit. Das Kind fühlt sich isoliert, hilflos und einer feindlichen Umwelt ausgesetzt. Die Bedrohung kann den Mut zum Leben untergraben. Vielleicht wird das Kind auch angeschrien, eingeschüchtert und bedroht. Es schweigt, wo es schreien müsste. Und immer wieder macht es die Erfahrung, dass es sich nicht verteidigen kann. Um sich zu behaupten, entwickelt das Kind bestimmte Strategien, um mit Ängsten und Enttäuschungen fertig zu werden.

Mach alles richtig, dann geht es dir gut

In der Therapie erlebte ich vor Jahren eine Mutter, die ihr Kind pausenlos beschimpfte und korrigierte. Es lief im Beratungszimmer hin und her und ging an alles heran, was es erreichen konnte. Die Augen der Mutter verfolgten das Kind in jeden Winkel. Sie hatte einen unangenehmen Kommandoton. Das Verhalten der Mutter tat mir körperlich weh.

„Lass das!" – „Hör jetzt damit auf!" – „Du bist unausstehlich!"

Einige Male sprang die Mutter auf und schlug dem Kind auf die Finger. Das Gesicht des Kindes war verzerrt. Trotz und Rebellion sprachen aus seinen Zügen.

Ich ließ die Mutter eine Zeit lang gewähren, um dann gründlich über das Vorgefallene zu sprechen. Die Mutter schüttelte immer wieder den Kopf. Sie war überzeugt: Was Hänschen nicht lernt, lernt Hans nimmermehr. Der Wille des Kindes muss gebrochen werden. Später tanzt es mir auf dem Kopf herum. Die Frau hatte bei ihrer eigenen Mutter die gleichen Erfahrungen gemacht. Sie war stolz auf ihre Ordnungsliebe, auf Korrektheit und Gehorsam.

Zwölf Jahre später kam eine junge Dame in die Beratung. Sie war gerade 18 geworden, mündig und selbstständig. Acht Tage nach ihrem Geburtstag war sie bei der Mutter ausgezogen, um sich nicht mehr herumkommandieren zu lassen.

„Und Ihr Problem, Elise?" – „Ich finde mich unausstehlich. Ich bin die personifizierte Pingeligkeit. Wenn nicht alles hundertprozentig ist, finde ich keine Ruhe. Zu Hause bin ich ausgezogen, meine Mutter und ich fallen uns auf den Wecker."

In der Tat, sie war das erwachsene Kind von damals. Was war geschehen? Das kleine Mädchen hatte sich angewöhnt, alles zu tun und zu lassen, was die Mutter wollte. Mit fünf Jahren gehorchte es aufs Wort. Das Vollkommenheitsstreben der Mutter war ihm in Fleisch und Blut übergegangen. Es fasste nichts mehr an, wenn die Mutter es verboten hatte. Schläge und Schmerzen hatten das Kind gelehrt: Sei gehorsam, pünktlich, halte den Mund, dann kannst du überleben. Die junge Frau hat eine Botschaft internalisiert, die ihr bestätigt: Wenn du alles richtig machst, bekommst du keinen Ärger. Wenn du perfekt bist, lassen dich die Menschen in Ruhe. Für die junge Dame ist der Perfektionismus heute schon zu einer schweren Bürde geworden. Sie *muss* fehlerfrei sein, sonst spürt sie fürchterliche Schmerzen und Schläge, die sie überfallen. Perfektionismus ist zum Selbstschutz geworden, um eine Mauer gegen Bedrohung und Schmerzen aufzubauen.

Erwartungen der Eltern

Häufig ist einer der Eltern ein Perfektionist. Den Kindern wird vermittelt, dass sie nicht gut genug seien. Sie erhalten Lob, um sie anzuspornen, und sie erhalten Kritik, um ihre Leistungen zu steigern. Viele Botschaften sind verwirrend und widersprüchlich.
– „Recht gut, was du gebracht hast. Aber du kannst noch mehr leisten."
– „Unverkennbar prima. Hoffentlich bleibt das auch so!"
Lob und Kritik werden gleichzeitig ausgesprochen. Offensichtlich fällt es den Eltern schwer, die Kinder *bedingungslos* zu akzeptieren. Der Erwartungshorizont ist enorm hoch. Wenn Kinder Fehler machen, wenn kleine Leistungseinbrüche geschehen, werden die Eltern ungehalten und lassen das die Kinder in jeder Weise spüren. Uneingeschränktes Lob beinhaltet:
– „Ich schätze dich, wie du bist!"
– „Ich liebe dich mit deiner ganzen Art."

Keine Frage, Eltern mit hohen Erwartungen legen die Messlatte hoch. Unbewusst üben sie Kritik, nörgeln an Kleinigkeiten herum und vergiften das Familienklima. Bestimmte Kinder, die ankommen wollen, fordern das Letzte von sich und geraten in die Perfektionismus-Falle. Sie hören die fordernden Botschaften der Eltern. Mit Druck lassen sie sich nach vorn puschen und übernehmen die Botschaft der Eltern im Innern. Unbemerkt haben die hohen Maßstäbe der Eltern das Gewissen der Kinder beeindruckt. Sie müssen nicht mehr angetrieben werden. Das Vollkommenheitsstreben hat sich verselbstständigt.

Wenn Eltern berühmt sind

Vater oder Mutter, die einen Namen haben, die sich beruf- lich oder menschlich verdient gemacht haben, belasten nicht selten ihre Kinder mehr, als ihnen lieb ist. Die Kinder haben den Eindruck, sie genügen nicht. Sie haben das unbestimmte Gefühl, sie seien nicht gut genug. Was geht in diesen Kin- dern vor? Sie strengen sich an, um ähnliche Leistungen zu bringen. Andere stecken auf, rebellieren, nehmen Drogen und geraten ins Abseits. Wieder andere ahmen ihre Eltern oder einen Elternteil nach. Sie bewundern den Perfektionis- mus. Sie strengen sich an, in Kleidung, in Manieren, im Auftreten und in der Sprache perfekt und vollkommen zu erscheinen. Alle wollen ankommen und nehmen das Voll- kommenheitsstreben in Kauf. Eltern und Kinder spielen per- fekt zusammen. Die Eltern sind stolz auf ihre Kinder, die ihnen Freude bereiten. Die Kinder sind stolz auf ihre Eltern, die sie überall vorführen und zur Schau stellen können.

Perfektionismus und Faulheit

Wer besonders gewissenhaft ist, kann doch nicht faul sein und trödeln – sollte man meinen. Die Faulheit ist aber eine Arbeitsstörung und kann mit zwanghaftem Perfektionismus Hand in Hand gehen.
Wie hängen Faulheit und Perfektionismus zusammen? – Wer-

ner ist jüngstes Kind und einziger Sohn unter drei Mädchen. Er geht seit zwei Jahren zum Gymnasium und bringt im Zwischenzeugnis drei Fünfen mit nach Hause. Die Mädchen sind lebhaft, nach außen gekehrt, großzügig und bei allen Spielkameraden beliebt. Die Eltern gehören zu einer Freikirche und legen großen Wert auf Ordnung, innere Sauberkeit, Gewissenhaftigkeit und Ehrlichkeit. Die Mutter ist über jeden Fehler entsetzt, über jede Unvollkommenheit traurig. Ihr Bestreben ist, immer vollkommener, sündloser und tadelloser zu werden. Die Töchter sind alle drei moralisch salopp, nicht besonders ordnungsliebend, aber bringen aus der Schule gute Noten mit nach Hause. Die Eltern sind zwar mit den schulischen Leistungen der Mädchen zufrieden, geben aber deutlich zu erkennen, dass ihnen die lasche innerliche Ausrichtung Kummer bereitet.

Werner gleicht diesen Kummer aus. Er ist nicht nur gewissenhaft, er leistet auf diesem Gebiet Überdurchschnittliches. Aber er zweifelt, ob er je ein guter Mensch sein wird. Allen Entscheidungen weicht er aus; er will keinen Fehler machen. Wenn er Gedichte aufsagen soll, bekommt er plötzlich keinen Ton heraus. Im Mündlichen ist er nach Meinung der Lehrer noch schlechter als im Schriftlichen. Schon bevor er zur Schule musste, prangerte er jede Unrechtmäßigkeit seiner Schwestern an. Er passte auf wie ein Schießhund, wenn sie etwas angestellt hatten oder es mit der Wahrheit nicht so genau nahmen. Er konnte sich laut und deutlich entsetzen und nahm sein eigenes Verhalten scharf unter die Lupe. Er sagte etwa: „Ich wollte euch eben anlügen, ich schäme mich so!" Oder: „Mutter, ich habe das ganze Taschengeld für die armen Kinder in Indien gegeben!" (bei der Sammlung in der Sonntagsschule). „Edith (seine Schwester) hat im Geschäft zu einem Mädchen ‚du Sau' gesagt. Ich habe den ganzen Weg geweint."

Als einziger Sohn verschaffte er sich mit dieser übertriebenen Gewissenhaftigkeit eine Sonderstellung bei den Eltern. Sie waren stolz und glücklich und sagten das auch unmissverständlich ihrem Sohn. Der Vater ließ durchblicken, dass der Sohn bestimmt mal Pastor würde. Als Werner zur Schule kam, konnte er mit dieser dramatisierten Gewissenhaftigkeit nirgendwo landen. Die Lehrer hatten wenig Verständnis dafür, kritisierten seine Übergenauigkeit und schnitten ihm das Wort ab, wenn er „petzte", was er liebend gerne tat.

Langsam, aber sicher wird die übersteigerte Gewissenhaftigkeit zur Flucht vor den Schulaufgaben benutzt:

- Werner ordnet stundenlang seine Bücher und Hefte, kauft Umschlagpapier, verpackt alles sorgfältig und sauber.

- Sein Kinderzimmer ist ein Musterzimmer, seine Eltern haben es den Mädchen immer wieder zur Nachahmung empfohlen.

- Er schreibt gern und wird auch dafür gelobt, sogar in der Schule. Aber er braucht viel Zeit, die kleinsten Fehler lässt er nicht gelten. Er reißt die Seiten heraus und schreibt neu. Bei schriftlichen Arbeiten in der Schule will er durch Sauberkeit und Gewissenhaftigkeit imponieren. Er verliert die Übersicht und schreibt die Arbeit daneben.

- Er hat einen Fleck auf der Hose. Mit Eifer geht er daran, die Stelle zu beseitigen. Mit Spucke, mit Kaffee, mit Wasser, mit Alkohol. Alles probiert er aus. Eine lobenswerte Tat? Von 13 – 16 Uhr hat er damit wertvolle Zeit *vertrödelt*. Die Schulaufgaben blieben liegen. Er hat eine plausible Entschuldigung: „Ich *musste* die Hose säubern. Mit dem Flecken kann ich nicht rumlaufen. Wenn ich auf den Flecken schaue, kann ich mich nicht konzentrieren. Flecken machen mich wahnsinnig!"

- Eine Nachbarin sagt: „Ein beneidenswert sauberer Junge.

Wenn ich dagegen unsere Kinder anschaue …" Die Mutter nickt glücklich, und auch Werner genießt das Lob.

- Er hat seinen Vierfarbenstift verloren. Das passiert ihm bei seiner Ordnungsliebe. Er stellt die Wohnung auf den Kopf. Einen Tag vertan. Er sitzt am Abendbrottisch und hat keine Zeile für die Schule geschrieben.

- Seine Übergenauigkeit und die damit verbundene Langsamkeit bewahren ihn vor Aufgaben und Pflichten im Rahmen der Familie. Die Mutter macht lieber alles selbst, weil sie weiß, wie lange Werner daran sitzt.

- Werner erlebt, dass jedes Abweichen von der Norm Liebesverlust der Mutter nach sich zieht. Von früh an hat er ein hohes Maß an Selbstkontrolle eingeübt. Er passt auf sich auf, er beobachtet sich und verliert seine natürliche Unbefangenheit, er redet altklug und schränkt seine Impulsivität und Spontaneität erheblich ein.

- Der Zweifel spielt in seinem Leben eine entscheidende Rolle. „Darf ich das tun, darf ich das nicht tun?" „Soll ich, oder soll ich nicht?" Diese Zweifel machen den zwanghaften Werner zögernd, zaudernd und unentschlossen. Schon als Kleinkind hat Werner den Ur-Zweifel erlebt: Darf ich ich selbst sein, oder muss ich gehorchen und auf meine eigenen Impulse verzichten?

- Pedantische Ordnungsliebe und Prinzipienreiterei lassen Werner intolerant und übergesetzlich erscheinen. Er hasst die Unordnung, die Gesetzesübertretung, die Regellosigkeit und Laschheit. Er zeigt fanatische und unduldsame Züge. Er klammert sich an Gesetz und Spitzfindigkeiten und versäumt das Leben. Er wird ein Sklave seiner eisernen Prinzipien.

- Werner hat den Eindruck, er darf sich nicht frei äußern, um keinen Fehler zu machen. Er möchte nicht verurteilt werden, etwas unvollkommen dargeboten zu haben. Werner gerät in einen Teufelskreis: Weil er vor einer bestimmten Tätigkeit Angst hat, wagt er sich nicht an sie heran. Weil er sich nicht heranwagt, wird er immer weniger fähig sie auszuführen. Angst und Unruhe werden größer, der Misserfolg immer sicherer.

■ Werner steht sich selbst im Wege. Sein Perfektionismus blockiert die schulischen Erfolge. Er bleibt sitzen. Eine Lehre als Schlosser muss er abbrechen, weil sein Sauberkeitsfimmel dem Ausbilder die Geduld raubt. Und die Lehre als Bäcker wird vom Arbeitgeber beendet, weil seine Langsamkeit alle Arbeitsabläufe lähmt. Sein Perfektionismus wird von unliebsamen Zwangsstörungen begleitet. Er lebt arbeitslos zu Hause, hat sich von Kameraden und Freunden zurückgezogen, geht kurzfristig Hilfsarbeitertätigkeiten nach und ist zutiefst unglücklich.

■ Werner hat sich mit seinem Verhalten in eine Sonderrolle hineinmanövriert. Die Sonderrolle hat ihn aber auch zum Außenseiter gestempelt. Sein auffälliges Benehmen wirkt auf Gleichaltrige abstoßend und gemeinschaftsfeindlich. Werner wird als überheblich und arrogant empfunden. Er selbst *flieht* in sinnlose, unsachliche Geschäftigkeit, vertrödelt seine Zeit, drückt sich unbewusst vor lebenswichtigen Aufgaben und verliert den Anschluss an die Gemeinschaft.

Vollkommenheitsstreben und Perfektionismus

Das Ziel der *Vollkommenheit* strebt jeder Mensch an, ob er will oder nicht. Perfektion und Perfektionismus sind aber vom Streben nach Vollkommenheit zu unterscheiden. Perfektion meint Vollendung und Perfektionismus ist die Sucht, alles um jeden Preis mit einem Grad der Vollkommenheit anzustreben, der Irrtümer und Fehler ausschließt, sowohl bei Menschen als auch bei Maschinen, bei Aufgaben und Vorhaben. Perfektion meint – auf Menschen angewandt – den Zustand des höchsten erreichbaren Punktes einer Ausbildung oder einer Fertigkeit. Perfektion meint Hundertprozentigkeit. Der Perfektionist strebt das Absolute an, aber das Absolute ist nur Gott zugehörig. Ein Zimmer völlig „staubfrei" zu halten, ist eine wahnsinnige Sisyphusarbeit. Der Perfektionist will fehlerfrei sein. Damit greift er nach einer Eigenschaft, die nur Gott sich vorbehalten hat.

Der ehemalige amerikanische Präsident Ford sagte anlässlich seiner Antrittsrede: „Ich habe Ihnen einmal gesagt, dass ich kein Heiliger bin, und ich hoffe, dass ich niemals den Tag erleben muss, an dem ich nicht zugeben kann, einen Fehler gemacht zu haben." [1]

Wenn sich der ehemalige amerikanische Präsident den „Mut zur Unvollkommenheit" eingesteht, warum nicht auch alle Eltern und Erzieher?

Um jedes Missverständnis zu vermeiden: Ordnungsliebe, Korrektheit, selbst eine milde Pedanterie, die Identifizierung mit einer gestellten Aufgabe, verbunden mit Ausdauer, Flexibilität, Durchsetzungsvermögen, Überblick und Offenheit für neue Problemlösungen sind erforderliche Eigenschaften eines stabilen Charakters. Gerade aber über diese Eigenschaften verfügt der Perfektionist nicht. Seine Motive sind von einem zwanghaften Ehrgeiz bestimmt. Schematische Ordnungsprinzipien, zeitraubende und ängstliche Überkorrektheit, die Identifizierung mit dem angestrebten persönlichen Erfolg liegen seinem Streben zugrunde. Von daher ist er empfindlich gegen Kritik und leicht zu kränken. Seine Angst vor Misserfolg lässt ihn immer perfekter werden. Vollkommenheit ist ein unerreichtes, aber richtungweisendes Ziel.

Wer hundertprozentig vollkommen sein will, ist zu keiner Entscheidung mehr fähig. Er muss ja hundertprozentig alles abwägen, er muss jeden Fehler vermeiden, jeden Irrtum vorausberechnen, jeden Misserfolg abwehren. Was soll er tun, was kann er tun? Er kann nur noch seine Hände in den Schoß legen. Denn wer schläft, der sündigt nicht, wer faul ist, macht keine Fehler.

Wie können Eltern dem Kind helfen?

- Nicht ständig antreiben, ermahnen und drohen. Moralische Appelle, schneller zu arbeiten, sich mehr anzustrengen, und vor allem Drohungen vergrößern die Feindseligkeit des Kindes gegen die Eltern und verstärken die sinnlosen Tätigkeiten.

- Nicht mehr die übertriebene Gewissenhaftigkeit vor den Geschwistern, vor den Bekannten und Verwandten hervorheben. Schon gar nicht in Gegenwart des Kindes. Es muss sich ja bestätigt fühlen, wenn sein Verhalten als gute christliche Lebenshaltung gelobt wird.

- Nicht mehr den stark übertriebenen Gewissensregungen besondere Beachtung schenken, da die moralische Überlegenheit des Kindes über andere verstärkt wird. Die Folge kann ein penetranter Pharisäismus sein, der abstößt.

- Nicht mehr Übergenauigkeit und Langsamkeit als *anlagebedingte* Schwäche entschuldigen. Das Kind darf nicht von Aufgaben und Pflichten entbunden werden, sondern übernimmt notwendige Dienste – ohne Antreiben, ohne Geschimpfe und ohne Kritik – bis es fertig ist. Es muss ohne Vorwürfe spüren, dass seine Verhaltenstechniken als *Waffe* unbrauchbar sind, und allmählich konstruktive Alternativen aussuchen, die von den Eltern entsprechend bestätigt werden.

- Nicht mehr die Gaben und moralischen Qualitäten gegenüber anderen ausspielen. Das Kind muss die Befriedigung seines Beitrages spüren. Solange es ihm darauf ankommt, seinen Geschwistern moralisch überlegen zu sein, wird es schulisch scheitern. Solange es mit seinen Geschwistern in einem *Konkurrenzkampf* lebt, wird es seine zwanghafte Gewissenhaftigkeit und die damit verbundene Arbeitsstörung verstärken. Es glaubt Eltern und Geschwistern imponieren zu müssen.
- Nicht auf Fehler aufmerksam machen und Fehler betonen. Wenn wir den Fehlern Aufmerksamkeit schenken, entmutigen wir unsere Kinder. Die Betonung des Negativen untergräbt die Widerstandskraft, um positive Leistungen zu erzielen. Wer eintrainiert ist, sich vor Fehlern zu fürchten, kommt über kurz oder lang dazu, gar nichts mehr zu tun.
- Nicht mehr die Langsamkeit und zwanghafte Ordentlichkeit im schulischen Bereich *kritisieren*, sondern jeden positiven Ansatz, schneller zu schreiben und sachgerechter zu arbeiten, verstärken und ermutigen.
- Nicht mehr zu dem Kind sagen: „Du brauchst nicht vollkommen zu sein." Solche Sätze werden nur die Überzeugung des Kindes bestärken, dass es vollkommen sein *muss*. Die Eltern müssen ihr Verhalten und ihren Lebensstil überprüfen. Was sie *sagen* und was sie *tun*, steht im Widerspruch. Die Eltern müssen es dem Kind *vorleben*, dass sie unvollkommen sind, Fehler machen und Fehler eingestehen.

Der Pädagogikprofessor Helmut Zöpfl erzählt in einer Zeitschrift die nachdenkliche Geschichte von drei Müttern, die auf einer Bank des Spielplatzes ihre Zöglinge mit Wohlgefallen beurteilen. Zöpfl wörtlich:

„Als sich eine alte Frau zu ihnen gesellt, beginnt nach einer Weile eine der Mütter: ‚Schauen Sie sich nur mein Kind an. Es hat eine Menge Steine gesammelt und zählt bereits. Hören Sie nur hin – es kann bereits bis hundert zählen.‘ ‚Ja und?‘, meint darauf die zweite Mutter. ‚Da, sehen Sie selbst: 4 ½ Jahre ist der Unsrige, und wissen Sie, was er da in der Hand hält? Ein Buch. Ob Sie es glauben oder nicht – der Kleine liest bereits perfekt.‘ ‚Und was meinen Sie?‘, meldet sich jetzt die dritte Mutter, ‚was unser Kleiner da gerade macht? Er kritzelt nicht etwa auf dem Block herum. Er schreibt einen kleinen Aufsatz zum Thema: ein schöner Nachmittag auf dem Spielplatz.‘ ‚Nun‘, fragen dann die drei Mütter die alte Frau, ‚welches ist jetzt ihrer Meinung nach das gescheiteste Kind?‘ ‚Kind‘, antwortet die alte Frau traurig, ‚wo ist da ein Kind? Ich habe keins gesehen!‘ "[2]

Was will der Pädagoge Helmut Zöpfl damit ausdrücken? Ich trage einige Gesichtspunkte zusammen:

Gesichtspunkt Nr. 1:
Wo ist die Kindheit geblieben?
Die alte Dame hat es auf den Punkt gebracht: „Ich habe kein Kind gesehen!" Auf dem Spielplatz laufen mindestens drei kleine „Erwachsene" herum, die von den Eltern systematisch gefördert werden. Der Pädagoge kommentiert diese Einstellung so: „Immer wieder klagen Kindergärtnerinnen über Eltern, die den Kindergarten zu einem Lehrlabor umgestalten wollen, in dem bereits Lesen, Schreiben und Rechnen geübt

wird. Mit Skepsis überwachen sie jede Minute ihres Kindes, in der es ‚nur singt oder spielt‘, und fürchten, dabei könne es etwas versäumen." [3]

Der Lernrhythmus eines heranwachsenden Kindes wird gestört. Die Kindheitsphase wird übersprungen. Einseitig werden Logik, Sprache und Denken gefördert. Körper und Seele, Spiel und Spaß, Entspannung und kindliche Freude werden vernachlässigt. Das Kind kommt nicht zu seinem Recht. Und die Folgen? – Die Eltern erziehen einen Arbeitsroboter, der nur Arbeit, Lernen und Leistung kennt. Freizeit und Genuss sind und bleiben Fremdwörter. Oder das Kind blockiert eines Tages, verteufelt Leistung und Karriere und lässt sich treiben.

Gesichtspunkt Nr. 2:
Das Vergleichen entmutigt
Der erste Mord der Weltgeschichte nach der Vertreibung aus dem Paradies ist ein Eifersuchts-Vergleichs-Mord (1. Mose 4). „Sich vergleichen gibt Ärger!", sagt ein deutsches Sprichwort.
Kain vergleicht seinen Opferrauch mit Abels Opferrauch. Eva vergleicht Kain mit Abel. Was ist notwendiger, Ackerbau oder Viehzucht? Der eifersüchtige Vergleich hat tödliche Folgen.
Wir leben in einer Wettbewerbsgesellschaft, müssen unsere Kinder aber nicht schon in den ersten Lebensjahren mit Vergleichen entmutigen. Der Vergleich fördert die Besten, der Rest bleibt resigniert auf der Strecke. Viele geben auf, weil sie mit den Starken und Besten nicht mithalten können. Wer immer besser sein muss, setzt sich unter enormen Stress.
Der ehemalige Theologieprofessor Helmut Thielicke hat schon bei Eva nach dem Fall die bedenkliche Lebenseinstellung der Urmutter herausgearbeitet, wenn er schreibt: „Kain

nämlich heißt: ‚Ich habe einen Mann erworben.' Damit deutet Eva als stolze Mutter an, dass dieser Sohn die Würde des Erstgeborenen tragen und dass er für sie der Inbegriff von Macht und Stärke sein soll.

Abel dagegen bedeutet so viel wie ‚Nichtigkeit, Hinfälligkeit'. Der jüngere Bruder soll also von Anfang an im Schatten des Älteren stehen. Er ist für die zweite Geige vorgesehen. Er ist der Repräsentant der grundsätzlich Zu-kurz-Gekommenen. Er ist der notorisch Deklassierte. ... Hat die Mutter Eva recht getan, dass sie durch Vorziehen und Benachteiligen dieses Schicksal der Ungleichheit den beiden schon in die Wiege legte? Nun, Eva handelt jetzt außerhalb des Paradieses; sie ist die Urmutter der Welt – und das geht eben so zu." [4]

Ich komme auf die Geschichte Zöpfls zurück. Die Mütter in der kleinen Geschichte übertrumpfen sich gegenseitig. Wer ist der *Beste*? Wer ist der *Klügste*? Wer hat es *am weitesten* gebracht? Die Kinder werden es nicht leicht im Leben haben.

Gesichtspunkt Nr. 3:
Der entmutigte Ehrgeizige

In meiner Beratungs- und Seelsorgepraxis habe ich eine merkwürdige Erfahrung gemacht. Die meisten faulen Kinder waren im Kern zutiefst ehrgeizig. Ihr Streben nach Selbsterhöhung und Selbstruhm war in ihnen fest verankert. Nur wenn sie ihre überhöhten Ziele nicht erreichen konnten, ließen sie die Flügel hängen. Sie resignierten. Sie gaben auf. Und sie gaben sich auf.

Der Begriff „entmutigter Ehrgeiziger" stammt von Alfred Adler. Kinder haben das Gefühl, nur etwas wert zu sein,

- wenn sie *besser* als andere sind,
- wenn sie *tüchtiger* als andere sind,
- wenn sie anderen *überlegen* sind,
- wenn sie anderen und ihren Eltern mit Leistungen *imponieren* können.

In den ersten Grundschulklassen gelingt ihnen das. Auf den höheren Schulen wird die Konkurrenz größer. Sie schaffen es nicht mehr. „Durchschnitt" wollen sie nicht sein. Sie verlieren ihr Selbstvertrauen und glauben, keine Chance mehr zu haben. Mutlos fürchten sie die Zukunft.

Gesichtspunkt Nr. 4:
Können wir unsere Kinder lieben – wie sie sind?
Was hindert uns die Kinder zu lieben – wie sie sind, sie anzunehmen – wie sie sind? Christus hat uns vorgemacht, was Liebe ist. Wir lieben häufig mit Bedingungen. Wir lieben mit hohen Erwartungen. Wir vergleichen: die Leistungen, das Ansehen und Aussehen, Schnelligkeit, Stärke, Mut, Noten und Intelligenz. Das Kind lernt nicht, sich so anzunehmen, wie es ist, seine Gaben und Fähigkeiten zu bejahen. Ein Kind, das sich bejaht, schaut nicht neidisch auf andere, muss sich nicht ständig vergleichen, wird nicht extrem missgünstig und muss nicht mit anderen konkurrieren.

Perfektionismus ist eine Überkompensation

Vier Einstellungsmuster verstärken Perfektionismus

Muster 1	Muster 2	Muster 3	Muster 4
↓	↓	↓	↓
Nur das 100%ige zählt	Verkehrte Prioritäten	Sündenbock-denken	Streben nach Selbstbestäti-gung

Die Folgen sind:

Verletzungen Demütigungen Selbstbestrafung	Angst, Zorn Selbstverletzung Selbstzerstörung	Minderwertigkeits-gefühle Selbstanklagen Schuldübernahme

Das zweifelhafte Ergebnis:

Ständiges Machtstreben	*Selbstabwertung*	*Resignation*
– Ich muss der Beste sein.	– Ich gelte nur,	– Ich tauge nichts.
– Ich muss überlegen sein.	... wenn ich hilflos bin.	– Ich kann nichts.
– Ich muss führen, herrschen, bestimmen.	... wenn ich mich klein mache.	– Ich bin nichts.

– Ich muss mich durchsetzen.	… wenn ich mich unterwürfig verhalte.	– Ich ziehe mich zurück.
– Ich muss Konkurrierende ausschalten.	… wenn ich nachgebe.	– Ich resigniere.
		– Ich gebe auf.

Das Alles-oder-Nichts-Denken wird offenbar.

14 Kennzeichen eines Perfektionisten

Perfektionismus ist eine Persönlichkeitseigenart, die unterschiedliche Einstellungs- und Verhaltensmuster widerspiegelt. Die wesentlichen Strategien können so beschrieben werden:

Kennzeichen 1:
Perfektionisten sind intolerant

Weil er von sich und anderen das Beste und Vollkommene fordert, wird er intolerant. Er kritisiert an anderen und an sich herum. Mängel und Fehler fallen ihm sofort ins Auge. Seine hohen Maßstäbe kann er nicht verleugnen. Seine Erwartungen sind kaum zu erfüllen. Seine Nörgelei macht das Zusammenleben und die Zusammenarbeit schwer. Großzügigkeit ist für ihn ein Fremdwort und widerspricht völlig seinem Lebensstil. Wer großzügig denkt und handelt, ist in den Augen des Perfektionisten oberflächlich, ungenau und unzuverlässig.

Kennzeichen 2: „Perfektionisten stehen unter der Tyrannei des Sollens und Müssens"

So hat es die Psychologin der Neoanalyse Karen Horney formuliert.[1] Perfektionisten glauben, sie sollten ehrlicher, tapferer, intelligenter, moralischer, schneller, ehrgeiziger und einfach besser sein. Das *Müssen* wird zur Faust im Nacken.

- Sie *müssen* sich anstrengen.
- Sie *müssen* das Beste aus sich herausholen.
- Sie *müssen* perfekt sein.
- Sie *müssen* eine sehr gute Mutter sein.
- Sie *müssen* ein guter Vater sein, ein guter Erzieher und ein guter Christ.

Goethe hat den geistlich völlig falschen Satz formuliert: „Wer immer strebend sich bemüht, den können wir erlösen." Diese falsche Glaubensüberzeugung spiegelt Selbsterlösung wider. Christus hat *alles* für uns getan. Am Kreuz hat er alle Schuld gesühnt. Kein Müssen und Sollen, keine Leistungen und frommen Werke können wir uns abzwingen, die sein Erlösungswerk abrunden würden. Ein Liedvers drückt es geistlich korrekt aus: „Nichts hab ich zu bringen, alles, Herr, bist du."

Kennzeichen 3:
Perfektionisten sind Entweder-oder-Denker

Sie machen etwas ganz oder gar nicht. Sie sind *übergenau, übergewissenhaft, übermoralisch, übertreu* – oder sie lassen es ganz. Nur wenige kapitulieren vor diesen himmelstürmenden Forderungen. Sie fallen ins Gegenteil. Resignation und völlige Inaktivität sind die Folge ihrer Selbstüberforderungen. Wer nicht zur Vollkommenheit ja sagt, landet unweigerlich in der lähmenden Verzweiflung. Mittelmaß und Durchschnitt werden abgelehnt.

Ich hatte einen Oberschüler in der Beratung. Auf Grund seiner Leistung hatte er eine Klasse übersprungen. Er schrieb Einsen und Sechsen. Wenn er Aufgaben auf Anhieb nicht lösen konnte, gab er leere Blätter ab. Ein ausgesprochenes Entweder-oder-Denken. Entweder bin ich geliebt oder gehasst. Entweder bin ich der Beste oder der Schlechteste. Entweder bin ich wertvoll oder ich bin wertlos.

Der Seher Johannes formuliert im Sendschreiben an die Gemeinde in Laodizea: „Ich kenne deine Werke, dass du weder kalt noch heiß bist. Ach, dass du kalt oder heiß wärest. Also, weil du lau bist und weder heiß noch kalt, werde ich dich ausspeien aus meinem Munde" (Offenbarung 3, 15-16).

Für Menschen, die fünfe gerade sein lassen, die „kleine Lügen" und „Kavaliersdelikte" für harmlose Spielereien halten, ist das Bibelwort eine hilfreiche Zurechtweisung. Aber für Christen, die in ihrem Glaubensleben Perfektionismus auf ihre Fahnen geschrieben haben, kann dieses Wort Gift sein.

Ein amerikanischer Psychiater, Bernhard H. Shulman, behauptet: „Entweder-oder-Denken ist die Vorstufe zur Psychose."[2]

Auf eine kurze Formel gebracht, können Aussagen solcher Menschen dann lauten:

– „Entweder kaufe ich mir einen erstklassigen und wertvollen Mantel oder ich verzichte darauf."

– „Entweder trinke ich einen erstklassigen Sekt oder ich bleibe bei Selters."

– „Entweder wird das Konzert ein wirklicher Genuss, dann bezahle ich auch den teuersten Platz, oder ich schenke mir das Vergnügen."

– „Entweder du gehorchst deinen Eltern oder du kannst sofort deine Koffer packen und auf Nimmerwiedersehen verschwinden."

– „Entweder gewinne ich dieses Risiko, das ich eingehe, oder ich verliere alles."

Wer als Christ mit perfektionistischen Zügen entdeckt, dass er die Vollkommenheit in erster Linie nicht erreicht, wirft alles hin und fällt ins andere Extrem. Das Streben nach Selbstgerechtigkeit und Gottähnlichkeit wird sichtbar.

Kennzeichen 4:
Perfektionisten sind unzufrieden

Wie erklären wir uns das? Ihre Ziele sind zu hoch. Sie jagen Idealen nach, die Frustrationen, blutige Nasen, Angst und Entmutigungen zur Folge haben. Sie fallen von einem Extrem ins andere. Wird die Perfektion nicht erreicht – und wer erreicht sie schon – melden sich Enttäuschungen, mangelnde Lebensfreude und Unglücklichsein. Die Überanstrengungen haben sich nicht gelohnt. Viele Unzufriedene huldigen dem Perfektionismus. Sie wollen zu viel und bauen systematisch an ihrer Unzufriedenheit. Unzufriedene Menschen und Christen sind *fehlerorientiert*. Sie sehen die Mängel und nicht den Erfolg. Sie schauen auf die Lücken und nicht auf das Gelungene. Sie schauen wie Petrus auf das Wasser und nicht auf den Herrn. Wer fehlerorientiert ist, erzieht sich zur Unzufriedenheit und zur Selbstkritik.

Kennzeichen 5:
Perfektionisten leben gefährdet

„Wo Perfektion zum Tode führt." – Das ist die Zwischenüberschrift eines Beitrages in der Zeitschrift GEO über wissenschaftliche Untersuchungen von schweren Unglücksfällen und Katastrophen. Die Autorin berichtet von Untersuchungen über „menschliches Versagen" und zitiert dabei den Psychologen der Universität Hamburg-Harburg Professor Theo Wehner:

„Kinder sind ein ideales Studienobjekt für Fehlerforscher. Nicht nur, weil sie am laufenden Band nicht nur köstliche, sondern auch enervierende ‚Fehlleistungen' produzieren, sondern weil sie jedem Beobachter zu einer wichtigen Erkenntnis verhelfen, dass ein Leben ohne Fehler im Grunde unmöglich, ja unmenschlich ist. ... Was ist ein Fehler? Ein Fehler ist die Abweichung von Wahrheit. Aber von welcher? Absolute Wahrheit, das wissen Erkenntnistheoretiker ebenso wie Theologen, ist menschlicher Kenntnis prinzipiell entzogen. Was heute grundfalsch erscheint, kann morgen, in einem anderen Zusammenhang, goldrichtig sein. Fehler und Irrtümer eröffnen häufig neue Möglichkeiten und bieten unerwartete Einsichten in Bestehendes. Wenn sich Lebewesen fortpflanzen, kommt es immer wieder zu ‚Kopierfehlern' bei der Weitergabe von Erbinformationen. Solche Mutationen – wörtlich ‚Veränderungen' – produzieren im Laufe der Zeit immer wieder neue ‚Modelle', aus denen sich neue Arten und schließlich neue Gattungen entwickeln." [3]

Aus den Untersuchungen ergeben sich einige Schlussfolgerungen:

1. Die Forscher behaupten, dass wir aus Fehlern nur lernen können. „Aus Schaden wird man klug", sagt das Sprichwort.

2. Fluglehrer, die Flugschüler an Simulatoren ausbilden, haben dabei entdeckt, dass es so genannte „Überflieger" gibt, die nie einen Fehler bei den Simulationen machen. Diese sind gefährdeter als andere, weil sie innerlich zu sicher sind und aus Fehlern nicht gelernt haben.

3. Die Automatisierung hat unbestritten große Vorteile. Der große Nachteil ist, dass die Arbeiter nicht lernen, im Ernstfall Improvisationstalent, Kombinationsgabe und

Fantasie zu entwickeln. Wer nicht mit Fehlern operiert, wer nicht aus Fehlern lernen kann, wird zur falschen Sicherheit verleitet. Nur die Fehler bei Flugzeugabstürzen, Tankerunglücken, Häuser- und Brückeneinstürzen sorgen für Gefahrenverminderung. Fehlerlosigkeit ist ein Fehler. Auch geistlich ist Fehlerlosigkeit eine schwere Sünde, die Einbildung beinhaltet Hochmut.

Kennzeichen 6:
Perfektionisten streben das Absolute an

Sie halten Mittelmäßigkeit für ein Versagen, eine Durchschnittsleistung ist nicht der Rede wert. Nur das Optimale zählt. Das Überdurchschnittliche, das Utopische.

Ich hatte einen Mann in der Beratung, der in seinem Beruf als Leiter einer großen Konzernagentur unglücklich war. Nervlich stand er vor dem Zusammenbruch. Ein Arzt hatte ihn mit Beruhigungspillen gedämpft. Nur seine himmelstürmenden Ziele waren nicht gedämpft. Mehrere Male in seinem Leben hatte er schon den Beruf gewechselt. Nicht zufällig war er dreimal verheiratet und die Unzufriedenheit mit der jetzigen Frau kam in allen Äußerungen zur Sprache. Nebenbei erzählte er mir, dass er einen guten Kassettenrecorder suchte. Er sei schon in allen Wuppertaler Geschäften gewesen, aber das Gesuchte hätte er nicht gefunden. „Was darf der Kassettenrecorder denn kosten?", fragte ich arglos. Und er antwortete ganz selbstverständlich: „Zwischen tausendfünfhundert und viertausend Euro." Er verstand das nicht als Witz. Der Mann suchte die Vollkommenheit, das Absolute, das Utopische. Utopia ist ein Land, das es nicht gibt. Immer wieder sprach er von der „göttlichen Musik", von einem „göttlichen Spiel" und von „absoluter Spitze". Während er mir das alles erzählte, schrieb ich auf ein großes weißes Blatt den Satz: „Sie wollen wie Gott sein. Ich glaube felsenfest, dass es misslingt." Das Blatt Papier schob ich ihm über den Tisch. Er lächelte: „Ich muss es probieren, sonst kann ich nicht mehr leben!"

Das Allmachts- und Gott-Ähnlichkeitsstreben steckt vielen Menschen im Blut. Es ist die Ursünde der Menschen. Gibt es darum so viele Perfektionisten, die dieses un-menschliche und un-geistliche Ziel nicht aufgeben?

Kennzeichen 7:
Perfektionisten sind herrschsüchtig

Wer überragende Leistungen anstrebt, sich mit seinen Ansprüchen und Erwartungen über den Durchschnitt erhebt, wird unter der Hand herrschsüchtig.

Seine *Maßstäbe* geben den Ton an, seine *Erwartungen* bestimmen das Klima, seine *Ansprüche* beschreiben die hochgesteckten Ziele.

Perfektionisten suchen Bewunderung und Anerkennung. Kinder und Partner werden schnell zu Vorzeigemenschen. In den hohen Erwartungen verstecken sich Macht und Herrschaft. Wer hohe Ziele anpeilt, schaut vielleicht ungewollt auf andere herab, die sich mit kleinen Zielen zufrieden geben. Mittelmäßigkeit und Durchschnitt sind für Perfektionisten inakzeptabel. Sie üben Druck aus, manipulieren ihre Umgebung und puschen sie nach vorn.

Perfektionisten können Tyrannen sein. Eltern treiben ihre Kinder an. Eheleute stacheln sich gegenseitig an und Vorgesetzte fordern Überdurchschnittliches von ihren Untergebenen. Perfektionisten nutzen Menschen für ihre Zwecke aus. Sie können unempfindlich und hartherzig sein, aggressiv werden. Allerdings müssen sie mit Widerstand rechnen. Nicht alle Kinder, Partner oder Kollegen stimmen mit den anstrengenden Leitmotiven überein. Sie wehren sich verbal, ziehen sich zurück, stellen sich dumm, machen in hilflos oder werden krank. Die Herrschaft der Perfektionisten hat nur eine begrenzte Wirkung.

Kennzeichen 8:
Perfektionisten sind einsame Spitze

Sie haben sicher schon den Ausdruck gehört: „Der Mann ist einsame Spitze." Der Mann ist hervorragend – aber einsam. Er hat keine Zeit, die Arbeit frisst ihn auf. Das Streben, anderen überlegen zu sein, Aufgaben perfekt zu erledigen, alles unter Kontrolle zu haben, utopische Ziele zu erreichen, die überhöhten Maßstäbe zu erfüllen, macht unzufrieden, überfordert und beeinträchtigt die Gemeinschafts- und Freundschaftsfähigkeit. Wer alles besser kann und besser machen will, wird vielleicht bewundert und geachtet, aber nicht geliebt. Er belastet seine Umwelt mit ständiger Selbstkritik, mit Klagen und Anklagen. Einsame Spitze, das ist eine Superleistung. Aber an der Spitze kann nur einer stehen. Rechts und links, vorne und hinten gibt es keine Freunde. Isolation und Einsamkeit sind der Preis des Perfektionismus.

Kennzeichen 9:
Perfektionisten brauchen einen Sündenbock

Perfektionisten produzieren ein übertriebenes Überlegenheitsgefühl. Das Zusammenleben mit ihnen ist schwierig.

Ihr Gemeinschaftsgefühl ist negativ. Wenn ihre hohen Ziele verfehlt werden, sind immer die anderen schuld.

– *„Wenn* mein Vater mich mehr gefördert hätte . . ."
– *„Wenn* meine Mutter mich mehr geliebt hätte . . ."
– *„Wenn* mein Bruder sich nicht an mich gehängt hätte . . ."
– *„Wenn* meine Freunde mehr Zeit für mich gehabt hätten . . ."
– *„Wenn* Gott mir mehr Chancen gegeben hätte . . ."

Wenn der Mythos der Überlegenheit nicht seine volle Befriedigung findet, wird anderen die Schuld in die Schuhe geschoben. Perfektionisten können keine Niederlagen ertragen. Um überleben zu können, brauchen sie Sündenböcke. Denn Fehler, Schwächen, Mängel und Minuspunkte dürfen nicht sein. Perfektionisten wollen das Besondere, das Außergewöhnliche, das Makellose.

Kennzeichen 10:
Perfektionismus als Nachäffung der Glaubensvollkommenheit

Der amerikanische Seelsorger David Seamands geht schonungslos mit Perfektionisten ins Gericht. Er schreibt:
„Ich möchte unser Augenmerk auf eine Art von Depression richten, die durch ein angeschlagenes Gefühlsleben entsteht, vor allem durch eine geistliche Verzerrung, die man Vollkommenheitsstreben nennt – mit einem Wort: Perfektionismus. (. . .) John Wesley hat das folgendermaßen ausgedrückt: ‚Manchmal wird die hervorragende Eigenschaft, ein zartes Gewissen zu besitzen, bis zum Äußersten strapaziert.' Wir finden einige, die sich fürchten, wo nichts zu fürchten ist, die sich ständig und ohne Grund anklagen und sich einreden, etwas sei sündig, was die Schrift doch in keiner Weise verdammt, und andere Dinge für ihre Pflicht halten,

von denen die Schrift nichts sagt. Man nennt das ein ängstliches Gewissen, und das ist ein schlimmes Übel. Es ist äußerst wünschenswert, dass man ihm so wenig wie möglich nachgibt, vielmehr sollte man darum beten, dass man von diesem schweren Übel errettet wird und wieder einen klaren Verstand bekommt." [4]

Seamands ergänzt:

– dass er in der Seelsorge mit keinem anderen Symptom mehr Probleme hat als mit dieser „geistlichen Versklavung";

– dass diese Menschen, die mit sich nicht zufrieden sind, auch mit Gott nicht zufrieden sind;

– dass diese Menschen mit einem überempfindlichen Gewissen herumlaufen und sich ständig selbst verdammen.

Kennzeichen 11:
Perfektionisten sind Nisiten

Alfred Adler nannte die Neurotiker „Nisiten", abgeleitet aus dem lateinischen Wort *nisi* = „Wenn nicht". Perfektionisten sind im Grunde Neurotiker, seelisch Gestörte. Sie schieben die Schuld auf die Umstände, auf die andern. Sie halten ihren Kopf nicht hin, wollen die Schuld nicht bei sich sehen. Sie streben das Vollkommene an. Gelingt es ihnen nicht, haben sie plausible Ausreden bereit. Sie greifen zu den schlichten Wörtern „wenn nicht ...".

■ „Wenn meine Mutter nicht so unordentlich und großzügig gewesen wäre, hätte ich die vollkommene Ordnung gelernt."

■ „Wenn ich nicht vier Kinder hätte, sähen meine Wohnung und der Garten vollkommen aus."

■ „Wenn ich nicht dauernd über Geldmangel klagen müsste,

hätte ich eine optimale akademische Ausbildung erhalten."

- „Wenn die Regierung nicht so liberal wäre, gäbe es in Deutschland keine Abtreibung."
- „Wenn ich nicht diesen Alkoholiker geheiratet hätte, wären alle meine Kinder sehr gut geraten."
- „Wenn ich nicht als allein stehende Mutter die Doppelrolle übernehmen müsste, wäre mein Sohn ein Geigenvirtuose geworden. Ich wollte, aber alles kann ich nicht allein schaffen."

Die andern, die Umstände, die Regierung, die Kirche, die Eltern, der Partner, die Luft usw. sind schuld, dass der Perfektionist seine angestrebten Ziele nicht erreicht hat. Zurück bleiben Unzufriedenheit, Unglücklichsein und Resignation. Die Schuld für das eigene Scheitern immer auf andere zu schieben ist selbstzerstörerisch.

Kennzeichen 12:
Perfektionisten sind stressblind

Stressblindheit meint, dass der Mensch kein Gespür dafür hat, was er seinem Körper zumuten kann. Der Perfektionist hat nur ein wahnwitziges Ziel vor Augen. Dafür treibt er mit seinem Körper Schindluder. Er will es zwingen und übernimmt sich. Der Erfolg bedeutet ihm alles, die Gesundheit wenig, deshalb verliert er sie aus den Augen.

Wenn von Perfektionismus die Rede ist, sind Ordnungsliebe, Korrektheit, selbst eine milde Pedanterie, Flexibilität, Durchsetzungsfähigkeit, Überblick und Offenheit für neue Probleme *nicht* gemeint.

Der Perfektionist verfügt sehr oft nicht über diese positiven

Verhaltensweisen. Seine Motivation ist ein irrationaler Ehrgeiz. Ihn bestimmen zwanghaft starre, schematische Ordnungsprinzipien, zeitraubende und ängstliche Überkorrektheit, Identifizierung mit dem persönlichen Erfolg statt mit der Aufgabe, Mangel an Beweglichkeit und Offenheit für neue einfache Lösungen.

Genau diese Eigenschaften machen den Perfektionisten empfindlich, er ist leicht *kränkbar*, und das Wort sagt es deutlich, dass ihn diese Kränkbarkeit krank macht. Der Vater der Stressforschung Hans Seleye beschreibt treffend den Perfektionisten und seine psychosomatischen Beschwerden:

„Der stressblinde Mensch ist ein Perfektionist. Er ist äußerst ungeduldig mit seinen Mitarbeitern. Er ist überpedantisch und will jede Arbeit lieber selbst erledigen, als sie andere tun zu lassen. Interessant ist, dass nicht nur seine Arbeit Stress in ihm erzeugt. Häufiger stammt der Stress von einer Vielfalt von Zielen, die er sich gesetzt hat, und die Wirkung dieses Umstandes wird durch seine eigene Einstellung zu diesen Zielen gesteigert. Der stressblinde Mensch kompensiert auf eine unheilvolle Weise. Er isst zu viel, er raucht im Übermaß, er trinkt zu viel und vor allem übernimmt er sich sehr mit geschäftlichen und sozialen Verpflichtungen, dass ihm keine Zeit mehr für die Bewegung in der freien Luft bleibt. Was geschieht? Die Antwort ist recht einfach und verständlich. Er bringt es zuwege, dass seine Drüsen den Körper mit Extrabrennstoff für seine außerordentlichen Anstrengungen versorgen. Weil diese stressblinden Menschen dauernd um den Erfolg besorgt sind und ständig enttäuscht werden, reagiert ihr Organismus so, als ob er ständig eine Last zu tragen hätte. Das Ergebnis ist eine starke Zunahme des Blutcholesterins und der Fettmoleküle im Blutstrom. Diese vergrößern ihrerseits die Gefahr einer Thrombose, besonders wenn die anderen Faktoren – Vererbung und fettreiche Kost – bereits gegeben sind."[5]

Seleye beschreibt sehr anschaulich, dass der Perfektionist nicht von äußeren Umständen und unabwendbaren Gegebenheiten stresskrank und stressblind wird. Der Mensch schafft sich seinen Lebensstil selbst. Selbstverantwortlich entscheidet er sich für ein *Bewegungsgesetz*, das von Ehrgeiz, Überlegenheitsstreben und von Begierde nach Anerkennung bestimmt wird. Seine hohen Ziele ziehen einen Rattenschwanz von weiteren Stressoren nach sich. Unruhe, Nervosität und übermäßiges Rauchen und Trinken werden zur stressenden Begleitmusik.

Kennzeichen 13:
Perfektionisten landen im Selbsthass

Perfektionisten leiden unter der Tyrannei des Unerreichbaren. Je höher die Ziele und Wertmaßstäbe, desto tiefer das Fallen und die Resignation.

Sie ärgern sich über sich selbst, über die andern, über Gott. Sie pflegen utopische Träume und kämpfen wie Don Quichotte gegen Windmühlenflügel. Angst, Wut und Zorn sind die ständigen Begleiter dieser Menschen.

Der Franziskaner Richard Rohr hat nicht umsonst die Wurzelsünde dieser Menschen mit Zorn charakterisiert.

Warum ist das so?

– Weil sie nicht fünfe gerade sein lassen können, müssen sie auf sich und andere zornig reagieren.

– Weil sie vollkommen sein wollen, werden Ärger und Zorn verdrängt, um vor Mitarbeitern und Mitmenschen als Vorbild dazustehen.

– Weil Ärger, Wut und Zorn äußerlich nicht zugelassen werden, meldet sich der Körper mit Symptomen, die eine sehr deutliche Sprache sprechen.

Bleibt der angestrebte Erfolg aus, geraten Perfektionisten in die Selbstablehnung. Plötzlich drehen sie den Spieß um und nehmen jetzt alle Schuld auf sich. Sie fügen sich selbst Schmerzen und Verletzungen zu. David Seamands beschreibt diese Selbstabwertung so:

„Die Selbstablehnung nimmt auch dann pathologische Formen an, wenn Menschen sich allmählich durch Alkohol, Drogen, exzessives Rauchen oder gravierende Essstörungen wie Anorexie oder Bulimie zugrunde richten. Am Ende steht dann der Selbstmord als rapide Form der Selbstvernichtung. In jedem anerkannten Buch über den Selbstmord junger Menschen ergeht eine ernste Warnung an alle diejenigen Erwachsenen, die meinen, das Leben sei ohne Perfektionismus nicht zu ertragen. Wir alle sind den tragischen Folgen dieser Art von Selbsthass schon begegnet, selbst bei Menschen, die sich aufrichtig bemühen gute Christen zu sein."[6]

Wer sich mit Messern ins eigene Fleisch schneidet, wer sich die Haare ausrauft, wer sich wütend in die Ärmel beißt, wer sich wissentlich körperlich und seelisch Schaden zufügt, der hat in der Regel den Perfektionismus zum Leitmotiv seines Lebens gemacht.

Kennzeichen 14:
Perfektionisten haben zu hohe Erwartungen

Erwartungen spielen im täglichen Leben eine große Rolle. Wir alle haben Erwartungen im Kleinen und Großen, realistische und unrealistische. Falsche Erwartungen können unser Lebensgefühl verdunkeln. Zu hohe Erwartungen können unglücklich machen.

Ein Beratungsbeispiel: Frau Hofer, eine Frau von 36 Jahren, kommt in die Seelsorge. Sie ist seit acht Jahren verheiratet und zwei Kinder von vier und sechs Jahren gehören zur Familie. Sie ist adrett gekleidet. Ihre Haare sind sorgfältig gekämmt, ihr Gesicht dezent geschminkt. Die Schuhe glänzen und sind gut auf Kleid und Tasche abgestimmt. In der Hand hält sie eine Handtasche, die farblich hervorragend die Kleiderfarbe und einen Teil der zweifarbigen Schuhe widerspiegelt. Mein erster Eindruck: eine Frau, die mir wie aus dem Modejournal leibhaftig entgegentritt. Ich bitte sie Platz zu nehmen, und es dauert eine Weile, bis sie das Handtäschchen korrekt im rechten Winkel zum Tisch abgelegt, ihren Rock gerade gezupft und ihre Hände artig über dem Schoß gefaltet hat. Ihre Sprechweise ist äußerst präzise und man spürt, sie hat ihr Anliegen schon etliche Male im Geist formuliert.

„Ich bin acht Jahre verheiratet und acht Jahre lang unglücklich. Meine Erwartungen an den Mann, an die Ehe, an die Kinder, an den Glauben, an das Leben in einer Freikirche haben sich nicht erfüllt. Ich bin enttäuscht, meine Ideale sind zerbrochen. Und mein Mann sagt: ‚Das liegt nur an dir!' Ich verstehe das nicht. Kann man denn als Christ zu hohe Maßstäbe haben? Erlaubt mir die Bibel, lasch und großzügig zu sein?"

Sie schaut mich aus großen Augen an und erwartet meine Antwort. Mir geht es an dieser Stelle nicht darum, den kompletten Seelsorgeprozess zu beschreiben, sondern in einigen Hinweisen zu verdeutlichen, was die Frau im Klartext ausdrückt und wo ihre Konflikte liegen.

Hinweis 1:
Der Perfektionist wird in seinem Vollkommenheitsstreben nie ein glücklicher Mensch. Glück spiegelt Zufriedenheit wider. Zufrieden kann er nicht sein, weil *alles*, was er denkt, fühlt, glaubt und tut, verbesserungswürdig ist. Wie sagt Frau Hofer: „Ich bin acht Jahre verheiratet und acht Jahre unglücklich."

Hinweis 2:
Der Perfektionist hat Idealvorstellungen und landet in der Verzweiflung. Frau Hofer geht mit Idealvorstellungen an ihre Umgebung, an ihre Ehe, an die Kinder, an den Glauben und an das Leben heran. Ideale Maßstäbe, die wir hegen und pflegen, rufen Bitterkeit und Resignation hervor. Je höher die Ideale, desto tiefer die Enttäuschungen. Dieser Zusammenhang wirkt wie ein Naturgesetz. Wie sagt Frau Hofer: „Ich bin enttäuscht, wenn Ideale nicht zutreffen."

Hinweis 3:
Der Perfektionist will überall perfekt sein. Die meisten Menschen, die Perfektionismus auf ihre Fahne geschrieben haben, streben auf vielen Gebieten Perfektion an. Frau Hofer ist äußerlich eine makellose Frau. Haare, Schuhe, Kleider und Handtasche sind hervorragend aufeinander abgestimmt. Auch äußerlich wirkt sich der Perfektionismus aus.

Hinweis 4:
Der Perfektionist erscheint der Umgebung wie ein Tugendmensch. In vielen Gemeinden wird Perfektionismus als nachahmenswerte Tugend empfohlen. Haltung, Gesinnung, Glaube und Leben erscheinen den Mitmenschen als moralisches Vorbild. Dass aber der Pharisäismus durch alle Ritzen schimmert, das bleibt vielen Christen verborgen. Ganz

davon abgesehen, dass Perfektionisten mit ihren Idealvorstellungen oft zum Tyrannen werden. Die Umgebung wehrt sich. Die Ansprüche sind zu hoch. Der Widerstand wird deutlich. Die Umgebung flieht vor der Tyrannei. Wie sagt Frau Hofer: „Meine Tochter ist ein Chaosmädchen. Mit vier Jahren macht sie noch in die Hose. Mein Sohn geht das erste Jahr zur Schule und ist ein Versager."

Hinweis 5:
Der Perfektionist hat in der Tat zu hohe Erwartungen. Das Beratungsgespräch mit einem Ratsuchenden, der enorm hohe Erwartungen hat, ist nicht einfach. Frau Hofer sagt: „Wer sagt Ihnen, dass meine Erwartungen zu hoch liegen? Müssen Christen nicht wie Paulus den Siegeslorbeer anstreben und dafür gewaltige Opfer bringen? Wer sich auf dem Wege dahin von tausend Kleinigkeiten abhalten lässt, der kann gleich aufgeben."

Ich: „An welche Kleinigkeiten haben Sie gedacht?"

Frau H.: „An Schokolade, an fettes Essen, an Bequemlichkeit, an alkoholische Getränke, an Faulenzen, an verschiedene Genüsse usw."

Ich: „Ein Christenleben besteht also in erster Linie aus Verzicht und Disziplin?"

Frau H.: „Wenn ich diese Tugenden nicht realisiere, kann ich alle meine Erwartungen an den Nagel hängen."

Ich: „Aber alle Ihre Erwartungen haben sich doch nicht erfüllt, oder?"

Frau H.: „Das stimmt zweifellos. Aber ich kann mich nicht dazu entschließen, die Erwartungslatte niedriger zu hängen. Noch glaube ich, dass diese Erwartungen christlich richtig sind."

Ich: „Sie möchten Ihre Erwartungen nicht reduzieren, auch wenn Ihre gesamte Familie dabei zerbricht?"

Frau H. (blickt verstört vor sich hin und weint): „Dann müssen ja mein christlicher Glaube und meine Lebensüberzeugungen im bisherigen Leben alle falsch und übertrieben gewesen sein!"

Ich: „Vielleicht nicht alle, aber einige."

Frau H.: „Was soll ich tun?"

Ich: „Darüber sollten wir in den kommenden Gesprächen gründlich und in Ruhe nachdenken."

Wann sind unsere Erwartungen zu hoch? Wann behindern sie unseren Alltag und unseren christlichen Glauben? Ich habe mir als Seelsorger und Berater eine ganz pragmatische Antwort zurechtgelegt. Sie lautet:

„Meine Erwartungen sind zu hoch,
- wenn ich dadurch große Schwierigkeiten *mit mir* bekomme;
- wenn ich dadurch große Schwierigkeiten *mit andern* bekomme;
- wenn die anderen große Schwierigkeiten *mit mir* bekommen und
- wenn ich große Schwierigkeiten *mit dem lebendigen Gott* bekomme."

Perfektionismus ist für viele Menschen ein unseliger Begleiter. Er redet ihnen Idealvorstellungen ein, die gelebt und praktiziert werden müssen. Die Maßstäbe, die Perfektionisten sehen, sind unerreichbar. Ihre Normen und Maßstäbe sind höher als die der lieben Mitmenschen. Sich selbst und andere setzen sie mit diesen hohen Idealen und Zielen unter Druck. Ihre Zeit und ihre gesamte Energie investieren sie in dieses Vollkommenheitsstreben. Was der Perfektionist denkt, soll lückenlos sein. Was er macht, muss gründlich und fehlerlos sein. Was er von andern erwartet, muss diese Normen erfüllen. Dass er stressgeplagt ist, erscheint selbstverständlich. Denn Perfektionisten, die alles richtig, alles sauber, alles moralisch und alles formvollendet ausführen wollen, kommen seelisch unter Druck, körperlich ins Schwitzen und glaubensmäßig in Verzweiflung. Perfektionismus ist harte Arbeit. Und die hohen Ziele – auf welchem Gebiet auch immer – machen den Betroffenen unglücklich.

Perfektionismus schafft großes Leiden,
– wenn das angestrebte Ziel nicht erreicht wird;
– wenn Sie sich ständig mit Selbstvorwürfen steinigen;
– wenn alle Anstrengungen nicht ausreichen;
– wenn Sie immer mit anderen unzufrieden sind;
– wenn Ihre Ansprüche die Selbstwahrnehmung verzerrt haben;
– wenn Sie befürchten, zu versagen oder Fehler zu machen;
– wenn Sie befürchten, von anderen überrundet zu werden;
– wenn Sie verspannt, frustriert, enttäuscht und traurig reagieren;
– wenn Ihre idealistischen Ziele Ihre Beziehungen untergraben.

Wie perfektionistisch bin ich?

Ein Selbsterforschungsfragebogen

	stimmt nicht	stimmt etwas	stimmt weit- gehend	stimmt voll
Wenn ich etwas in die Hand nehme, erledige ich die Aufgabe gründlich.				
Alles, was ich schriftlich von mir gebe, ist einige Male geprüft worden.				
Ich lasse nur das raus, was Hand und Fuß hat.				
Mein Lebensmotto: Ich kann nicht gründlich genug sein.				
Mit Menschen, die nicht absolut zuverlässig sind, habe ich Schwierigkeiten.				
Auch nebensächliche Dinge nehme ich sehr ernst.				
Ich finde Entweder-oder-Einstellungen am hilf-reichsten.				
Alles Oberflächliche ist mir zuwider.				
Ich liebe Formulierungen wie „präzise", „klar", „exakt", „absolut" und „genau".				
Erwartungen, die an mich gestellt werden, will ich übertreffen.				

	stimmt nicht	stimmt etwas	stimmt weitgehend	stimmt voll
Briefe, Zeitungen, Benachrichtigungen und Botschaften lese ich sehr genau.				
Schwarz-Weiß-Urteile helfen mir am meisten.				
Wenn ich ein Bild gemalt, einen Brief entworfen und eine Arbeit vollendet habe, möchte ich noch viele Korrekturen anbringen.				
Ich lege Wert darauf, dass Bibellesen, Gebet und Stille Zeit pünktlich eingehalten werden.				
Fehler und Versäumnisse kann ich mir nicht verzeihen.				

Hinweise für den Fragebogen

■ Füllen Sie bitte den Bogen ohne langes Nachdenken aus. Sie können auch die Fragen von Ihrem Partner, Ihrem Freund/Ihrer Freundin ausfüllen lassen.

■ Wenn Sie mehr als 6-mal „stimmt voll" angekreuzt haben, sind Sie sehr wahrscheinlich ein Perfektionist, der mit sich und anderen Menschen schnell Probleme bekommt.

■ Wenn Sie mehr als 10-mal „stimmt etwas" oder „stimmt weitgehend" angekreuzt haben, ist der Verdacht hoch, dass auch Sie zum Perfektionismus neigen.

- Wenn Sie die 15 Fragen noch einmal durchgehen, welche drei Aussagen stören Sie am meisten? Sind Sie bereit, die Probleme, die sich daraus ergeben, ins Gebet und in Arbeit zu nehmen?

- Wenn Sie mit sich unzufrieden oder psychosomatisch belastet sind, sollten Sie eventuell einen Fachseelsorger oder Berater/Therapeuten aufsuchen, um Ihren Selbstanspruch zu dämpfen.

Perfektionismus und Co-Abhängigkeit

In den letzten Jahren hat sich der Begriff der „Co-Abhängigkeit" im therapeutischen Denken durchgesetzt. Der Begriff tauchte in den 70er-Jahren zum ersten Mal in der Beratungsszene auf. Abhängigkeit ist von der WHO, der Weltgesundheitsorganisation, klar definiert:

– Ein Mensch ist abhängig – seelisch oder körperlich – von Alkohol oder anderen Drogen.

– Ein Mensch ist abhängig vom Essen (Esssucht), vom Hunger (Magersucht), vom Spielen (Spielsucht), vom Putzen (Putzsucht), von der Arbeit (Arbeitssucht), von der Ehre (Ehrsucht) usw.

Co-Abhängigkeit wird heute weiter gefasst und meint,

– dass sich Angehörige von Drogenabhängigen und anderen Süchtigen als Helfer, als Kümmerer und als Verantwortliche sehen und dem Abhängigen perfekt in die Hände spielen;

– dass Frauen und Männer, Eltern und Angehörige sich als Aufpasser aufspielen;

– dass sie als Angehörige im Zusammenleben mit Abhängigen ihr eigenes Leben nicht mehr meistern können;

– dass sich Angehörige und Helfer von abhängigen Menschen beeinflussen lassen und das Verhalten des anderen kontrollieren müssen;

– dass sich Kinder, Erwachsene, Liebhaber, Ehepartner, Brüder und Schwestern, Großeltern und Eltern, Freunde und Verwandte um Drogenabhängige, körperlich Kranke, be-

hinderte und normale Menschen, die mal völlig down sind, zwanghaft kümmern müssen;
- dass es zur Besessenheit werden kann, fanatisch helfen zu wollen, um ein schwaches Selbstwertgefühl zu überbrücken, um Schuldgefühle auszugleichen, was zur Selbstaufgabe führen kann;
- dass sie zu erheblichen Beziehungsproblemen führen kann, zu Intimschwierigkeiten und zum Leiden;
- dass diese Menschen aus Sorge um andere Menschen krank werden können;
- dass sie gutartig, besorgt, verständnisvoll und verantwortungsbewusst sind, aber des Guten in der Regel zu viel tun;
- dass diese Menschen *reagieren* müssen; sie handeln also reaktiv und übermäßig;
- dass sie eine Krankheit, eine neurotische Verzerrung sein kann, aber nicht sein muss.

Das Schlimmste ist aber, dass Menschen in ihrer Umgebung krank und abhängig bleiben.

Mit anderen Worten: Der Begriff „Co-Abhängigkeit" wurde zuerst für Angehörige und Freunde von Süchtigen verwendet. Heute wird das Wort *auch* für alle Mitabhängigkeiten genutzt, die sich vom Normalen und Gesunden abhängig fühlen. Co-Abhängigkeit ist eine schlimme Gewohnheit, sich um andere kümmern zu müssen. Sie dringen ungefragt in ihr Privatleben ein, bestimmen und kontrollieren. Ihre Erklärungen sind gleichlautend:

Wir tun das aus Liebe. Wir tragen Verantwortung. Wir dürfen den anderen nicht hängen lassen. Jeder versucht die Bedürfnisse des anderen zu erspüren. Er macht sich auf die Suche, die Vorliebe der anderen zu erkennen.

Machen wir uns klar: Jeder Mensch hegt Erwartungen, kleine und große. Wir haben Vorstellungen von der Liebe, von der Ehe, vom Zusammenleben, vom Sex. Je größer unsere Abhängigkeit von anderen, desto größer unsere Erwartungen. Wo liegen die Fehler?

Je größer unsere Erwartungen, desto tiefer unsere Enttäuschungen. Hohe Erwartungen sind Beziehungsfehler. Hohe Erwartungen machen unglücklich und unzufrieden. Sie machen uns leicht zu Nörglern, Kritikern und Anklägern. Die Lebensfreude und die Zufriedenheit büßen wir ein. In der Tat: Hohe Erwartungen sind Beziehungskiller.

Es gibt Menschen, die danach streben, auf alle Erwartungen zu verzichten und von Augenblick zu Augenblick zu leben. Alfred Adler konnte den beherzigenswerten Satz sagen: „Stelle deine Sache auf nichts." Das ist ein kluger und therapeutischer Satz, der für unsere zwischenmenschlichen Beziehungen stimmt. Ich habe mir als Christ angewöhnt zu sagen und zu denken:

„Lege alle Dinge in Gottes Hand."

- Was geschieht, muss an ihm vorbei.
- Was gut läuft, ist ein Geschenk.
- Was schief läuft, hat ER auch verantwortet.
- Wir fühlen, denken und handeln gelassen.
- Wir machen uns nicht verrückt.

Sorgen Sie dafür, dass Ihre Erwartungen realistisch sind. Unrealistische Vorstellungen, Wünsche und Erwartungen rufen bei uns und in der Beziehung Konflikte hervor. Und das Schlimme, jetzt torpedieren die Störungen im Zusammenleben alle unsere gut gemeinten Bemühungen. Zwanghafte

Menschen, und die sind besonders gefährdet, schätzen alle Beziehungen sehr hoch ein. Sie müssen stimmen, müssen funktionieren, müssen hundertprozentig klappen. Dieser Zwang engt den andern stark ein, sodass seine Identität bedroht ist. Co-Abhängige sind wie siamesische Zwillinge aneinander gekettet. Wird der eine befreit, kommt der andere in bedrohliche Situationen. Vielleicht geht einer, vielleicht gehen sogar beide zugrunde.

Wichtig ist aber, dass wir unsere Identität wahren. Unsere Unabhängigkeit muss unangetastet bleiben. Darum müssen Abhängigkeit und Unabhängigkeit in einem ausgewogenen Maße vorhanden sein. Überwiegt die gegenseitige Abhängigkeit, wird die Beziehung problematisch. Einer bekommt Atemschwierigkeiten und Atemnot. Die Luft wird ihm abgeschnitten. Darum haben Co-Abhängige zu hohe Erwartungen. Sie wollen zu viel Gemeinsamkeit.

Kontrolle ist ein spezielles Verhaltensmuster

Sorge, Besessenheit und Kontrolle sind Täuschungen, die Co-Abhängige, also Mitabhängige erzeugen. Sie wollen zwanghaft und besser Probleme lösen und können es nicht.

- Die Kontrolle wird mit großer Energie und Anstrengung erzwungen.
- Der Kontrolleur glaubt, es geschieht im Namen der Liebe.
- Der Kontrolleur glaubt, dass er „nur helfen will".
- Der Kontrolleur hält sich für gut und wichtig, den anderen für schlecht und im Unrecht.
- Der Kontrolleur glaubt, er muss es tun, weil er Angst hat, es nicht zu tun.
- Der Kontrolleur kontrolliert, weil er schon immer kontrolliert hat.

Kontrolle ist ein spezielles Problem des Perfektionisten. Er will keine Fehler machen, also muss er kontrollieren. Immer kontrolliert er andere und sich selbst.

Co-Abhängige haben häufig die Erfahrung gemacht, dass sie mit Menschen zusammenleben, die außer Kontrolle geraten waren. Die Sorgen und Kümmernisse des Betroffenen regen den Co-Abhängigen an zu kontrollieren, um die Probleme nicht eskalieren zu lassen. Perfektionismus und Kontrolle tragen dazu bei, andere Menschen nicht sein zu lassen, wie sie sind.

Sie werden immer wieder
- überredet,
- manipuliert,
- angebettelt,
- bestochen,
- angeschrien und angebrüllt,
- mit Tränen bearbeitet,
- mit Anklagen überschüttet,
- mit Nachlaufen bedrängt und mit Schuldgefühlen gefüttert.

Co-Abhängige mit Verhaltensmustern von Perfektion und Kontrolle verstehen es meisterhaft, anderen Schuldgefühle zu machen. Schließlich ist Perfektionismus eine Fehlerlosigkeit, die Fehler und Schwächen bei anderen sucht und ins Licht hebt. Da sie selbst übergewissenhaft und korrekt sind, wissen sie genau, was andere brauchen. Co-Abhängige leben in Beziehungen, die den Beigeschmack der Zwanghaftigkeit beinhalten. Beide Partner haben etwas Unfreies an sich. Sie sind wie mit einem unsichtbaren Seil aneinander gefesselt. Beide zerren an sich. Es fehlen Freiheit und Unabhängigkeit.

Die Amerikaner Henfelt (Psychologe), Minirth und Meier (Psychiater) unterhalten in Amerika die größten christlichen psychiatrischen Kliniken. In vielen Städten haben sie Stationen. Bei der Co-Abhängigkeit sprechen sie gern vom „Börsensyndrom". Wörtlich formulieren sie:

„Ich bin an dein Stimmungsbarometer gefesselt. Wenn du oben bist (Börse), bin ich auch oben. Wenn du unten bist, bin ich auch unten. Ich werde unglücklich, wenn ich spüre, dass du unglücklich bist. Jede Ahnung oder jedes Problem, ob real oder nur eingebildet, schüttelt mich durch. Das ist das Börsensyndrom. Wir erleben sehr oft Klienten, die so eng an das Leben und an das Glück anderer gebunden sind, dass nur jemand im Bekanntenkreis einen schlechten Tag zu haben braucht, und schon ist auch ihr Tag im Eimer. Sie agieren nie, sondern reagieren nur." [1]

- Das Börsensyndrom ist ein *Zwang*, sich um die Gefühle anderer kümmern zu müssen.

- Das Börsensyndrom ist ein *Kontrollbedürfnis*, sich in perfektionistischer und gesetzlicher Art um andere bemühen zu müssen.

- Das Börsensyndrom ist eine *Dominanz*, den anderen zu kontrollieren und zu beherrschen. Es ist der Co-Abhängige, der alles im Griff haben will – und leidet.

Die Bereitschaft zum Kontrollverzicht ist ein geistliches und christliches Verhalten. Sie ist keine Charakterschwäche, sondern ein Zeichen von Gesundheit. Christus verzichtet vollständig auf Macht und Herrschaft. Er wusch den Jüngern nicht die Köpfe, sondern die Füße. Er diente und ward gehorsam bis zum Tode am Kreuz. Wenn Christus unser Vorbild ist, sollten wir auf Macht und Zwang verzichten.

In Kirche und Gemeinde habe ich oft das Wort gehört: „Gerettet sein gibt Rettersinn." Ein geistliches Wort. Aber die Hilfe zur Rettung ist kein eigennütziges Getriebensein. Sie ist keine Hilfe zur Selbstbestätigung. Der Rettende will kein Wasser auf seine Mühlen leiten. Die schon genannten drei Autoren des Buches „Mut zur Liebe" drücken diese Phänomene so aus:

„Es gibt zwei Arten von Leuten, die einen sozialen Beruf im medizinischen Bereich, bei der Polizei, in der Kirche, Lebensberatung und Sozialarbeit wählen: solche, die von Gott und ihrem Gewissen dazu berufen sind, und solche, die von ihrer verborgenen Kodependenz (Co-Abhängigkeit) dazu getrieben werden. Wenn Leute aus der ersten Gruppe ausbrennen, liegt es am Problem: zu lange Arbeitszeiten, unangemessene Bezahlung, zu viele Enttäuschungen im Verhältnis zu den positiven Erwartungen. Bei verbesserten Arbeitsbedingungen wird diese erste Gruppe viele Jahre hindurch produktiv bleiben.

Die anderen jedoch, die von ihrer Kodependenz getrieben wurden, brennen unweigerlich aus und reißen dabei meist noch andere mit. Die Gründe hängen unserer Ansicht nach mit einer der stärksten Kräfte der Kodependenz zusammen, der Dynamik des Rettens." [2]

Wenn Retten zur hausgemachten Leidenschaft wird, zur Opferbereitschaft, um Lob und Anerkennung einzuheimsen, ist der Burn-out, das Ausbrennen unumgänglich. Der Retter verausgabt sich. Er geht über seine Grenzen. Er will das Perfekte, das Hundertprozentige. Jeder Fehler soll vermieden werden. Die Vollkommenheit ist sein Prestige und nicht Gottes Werk. Er will es zwingen und kann nicht *alles* in Gottes gute Hände legen. Der Retter, der in seinem Namen dient und arbeitet, arbeitet auch zuverlässig, aber verlässt sich ganz und gar auf Gottes Kraft.

Wir müssen nicht müssen

Kennen Sie das Vokabular vieler Menschen:
- „Ich *muss* unbedingt der Tante Elfriede noch einen Brief schreiben.“
- „Ich *müsste* eigentlich zur Geburtstagsfeier von Onkel Egon.“
- „Ich *muss* unbedingt da einspringen, sonst geht alles drunter und drüber.“

Nein, wir müssen nicht müssen. Wir dürfen loslassen. Loslassen ist für alle Beteiligten der bessere Weg.
- Loslassen ist kein kalter, feindseliger Rückzug.
- Loslassen ist keine Resignation.
- Loslassen ist nicht Lieblosigkeit und Gefühllosigkeit.
- Loslassen ist kein Ausweichen vor wahren Verpflichtungen.
- Loslassen ist in Wahrheit Liebe.
- Loslassen beinhaltet, Verstrickungen aufzugeben.
- Loslassen bedeutet, große Verantwortung für andere Menschen und Probleme abzugeben.
- Loslassen meint: Jeder ist zunächst einmal für sich verantwortlich.
- Loslassen meint: Wir halten uns aus Problemen anderer Menschen heraus.
- Loslassen heißt: Wir lassen andere Menschen wie sie sind.
- Loslassen heißt: Wir geben ihnen die Freiheit, Verantwortung zu tragen und zu wachsen.
- Loslassen heißt: Wir müssen nicht mit Gewalt kontrollieren.

- Loslassen heißt: Wir hören auf, zwanghaft an jemanden zu denken, über ihn zu sprechen, uns über ihn Sorgen zu machen.
- Loslassen heißt: Wir geben den anderen voll in Gottes Hand und befreien uns von der Angst um die Zukunft.

Vertrauen ist das Gegenteil von Angst. Der Co-Abhängige hat Angst, verlassen zu werden. Er klammert den anderen auf verschiedene Weise. Wenn wir Gott vertrauen, haben wir die sicherste Grundlage für Unabhängigkeit und Gelassenheit. Das Müssen hat ein Ende. Die Kontrolle ist überflüssig. Der Zwang kann aufhören. Wer Gott *alles* überlässt, kann loslassen. Einer der wichtigsten Schritte im so genannten „Zwölf-Schritte-Programm" der anonymen Alkoholiker lautet: Loslassen, Gott überlassen.

Alles oder nichts

Kennen Sie das Lebensprinzip „Alles oder nichts"? Es ist ein Thema, das viele Menschen umtreibt. Sogar im Fernsehen wurde „Alles oder nichts" zu einer beliebten Sendung. Alles gewinnen oder alles verlieren. Viele praktizieren diese Grundeinstellung, ohne dass sie ihnen bewusst ist. Das Leben erfährt eine Schwarz-Weiß-Einstellung. Die Devise lautet:

- Sekt oder Selters.
- Das Kostbarste oder das Billigste.
- Eine Laus oder Napoleon.
- Sieg oder Niederlage.
- Erfüllung oder Tod.

Wir wollen alles wissen

Schon die ersten Menschen im Paradies hatten mit dem Entweder-oder-Denken ihre Probleme. Der Teufel packt sie genau an dieser Schwachstelle. „Ihr werdet sein wie Gott." Denn bisher kannten sie nicht die *volle* Wahrheit. Gott hatte ihnen die dunkle Seite vorenthalten. Er wollte ihnen das wirkliche Paradies schenken und keine menschliche Hölle. Aber der Mensch gibt sich damit nicht zufrieden.

- Er will *alles* wissen.
- Er will *alles* machen.
- Er will *alles* dürfen.
- Er will *sein wie Gott*.

Der Mensch hat der Stimme Satans mehr Gehör geschenkt als der Stimme Gottes. Offensichtlich muss das Prinzip „Alles oder nichts" eine ungeheure Anziehungskraft haben. Der Mensch setzt dabei sein Leben aufs Spiel und das Paradies. Wie lauten die Redewendungen, die dieses extreme Denken verkörpern?

- Ganz oder gar nicht.
- Schwarz oder weiß.
- Lieber tot als rot.
- Butter oder Kanonen.
- Sieg oder Untergang.
- Kleckern statt klotzen.
- Alles oder nichts.

Kein Mittelmaß. Das Durchschnittsdenken wird abgelehnt. Der Psychoanalytiker Horst Eberhard Richter spricht von der „Fortschrittsgigantomanie". Unsere Ansprüche sind nicht zu stoppen, unsere Ansprüche laufen Amok. Wie sagte Blaise Pascal, der gelehrte französische Denker und Philosoph: „Machen wir uns unsere Bedeutung klar; wir sind *etwas* und nicht alles."

- Wie kann sich ein Alles-oder-nichts-Syndrom entwickeln?
- Welche Lebensgrundauffassung hat sich in der Kindheit gebildet?
- Welche unbewussten Ziele verfolgt ein Kind damit?
- Welche Rolle glaubt das Kind im Leben spielen zu müssen?

Ein amerikanischer Psychiater hat die Entwicklungsgeschichte des Menschen von der Wiege an verfolgt. Er fand vier Muster des Selbstverständnisses.

Muster 1:
Ich bin ein ganz besonderes Kind.
Dieses Kind entwickelt die Überzeugung: „Ich bin etwas *Ungewöhnliches*, ich bin etwas *sehr Wertvolles*, ich bin *anders* als die andern."
Ich hatte in der Seelsorge einen Jungen von neun Jahren. Sein Intelligenzquotient war sehr hoch, über 140. Der Junge hatte eine Klasse übersprungen, weil er sich unterfordert fühlte. Allerdings hatte er sehr große zwischenmenschliche Probleme. Er benahm sich außergewöhnlich. Bei Kameraden und Kameradinnen eckte er an. Er kotete ein, wenn er nicht seinen Willen bekam. Er ging über alle Grenzen hinweg. Ab und zu spielte er den Klassenclown. Er schockierte die Lehrer. Sein Lebensstil: Ich bin ein ganz besonderes Kind.

Muster 2:
Ich bin ein diktatorisches Kind.
Dieses Kind spielt auch eine Sonderrolle. Es versteht es, Eltern oder einen Elternteil einzuschüchtern. Nicht wenige Mütter kapitulieren vor diesen Kindern. Sie haben es mit Liebe und Überredung versucht und sind am Willen des Kindes gescheitert. Solche Mütter spielen auch in der Ehe oft eine untergeordnete Rolle. Sie passen sich an, treffen keine eigenen Entscheidungen und überlassen gerne dem Partner die führende Rolle. Das Kind ahmt den tyrannischen Vater nach oder entdeckt im Verhältnis zur Mutter seine Überlegenheit. Das Kind hat Schwierigkeiten mit Gleichaltrigen. Beim Spiel will es den Ton angeben. Es spielt den Boss. *„Alles* hört auf mein Kommando, oder es läuft *nichts*."

Muster 3:
Ich bin ein unzuverlässiges Kind.
Das Kind wählt einen gegensätzlichen Weg. Es reagiert mit
Entmutigung und Resignation. Das Entweder-oder-Schema
schimmert hindurch. Wenn das Höchste und Beste nicht
auf Anhieb gelingen, schaltet das Kind nicht nur einen
Gang zurück, nein, es lässt sich total hängen.
– Das Kind flüchtet in *Hilflosigkeit*.
– Das Kind flüchtet in *Unzulänglichkeit*.
– Das Kind demonstriert *Unfähigkeit*.
Der Lebensstil oder die Lebensgrundüberzeugung dieser
Kinder lautet: „Wenn ich das Höchste nicht erreichen kann
– und zwar spielend –, dann tue ich gar nichts."

Muster 4:
**Ich bin das Kind, das die Wünsche und Erwartungen der
anderen erfüllen muss.**
Dieses Kind fühlt sich missbraucht. Es glaubt im Dienste der
Bedürfnisbefriedigung anderer Menschen zu stehen. Es setzt
alles daran zu gefallen und anzukommen. Seine Anstrengungen sind enorm. Verständlich, dass es mit Perfektionismus
versucht, Anerkennung und Wertschätzung zu erfahren. Vielleicht will es auch das elterliche Prestigedenken erfüllen.
„Alles dient dazu, andere zufrieden zu stellen."

Zusammengefasst: Diese Kinder entwickeln einen übergro-
ßen Wunsch nach Anerkennung. Das Alles-oder-nichts-Prin-
zip wird zur Lebensüberzeugung. Sie denken:
- Ich bin der Beste oder der Schlechteste.
- Ich bin ein Gewinner oder Verlierer.
- Ich bin ganz oben oder ganz unten.
- Ich erreiche das Vollkommene oder ich kapituliere.
- Ich finde den Traumpartner oder ich bleibe ledig.

Das Mittelmaß ist unvorstellbar, der Durchschnitt ist unerträglich.

Das verstiegene Ideal

So nennt der Schweizer Therapeut Binswanger dieses Denken. Diese Menschen haben sich *verstiegen*. Ihre Ideale sind übersteigert. Die Maßstäbe, die sie anstreben, sind übertrieben. Die Erwartungen sind maßlos. Ein Bergsteiger, der sich verstiegen hat, landet in der Sackgasse. Er muss aus seiner ausweglosen Lage befreit werden. Und die Folgen?
– Je höher die gesteckten Ziele, desto tiefer der Fall.
– Je höher die Erwartungen, desto größer die Enttäuschungen.
Die Frage stellt sich:
Ist es ungesund, hohe Ziele zu haben? Nein. Die Gefahren liegen woanders. Wer hohe Ziele anstrebt, muss auch mit Niederlagen leben können. Wer hohe Maßstäbe anlegt, muss auch mit Misserfolgen leben lernen. Wer Ideale anstrebt, muss auch mit Katastrophen rechnen. Wer das nicht will und nicht kann, der landet in der Resignation und in der Verzweiflung. Er spielt mit dem Nichts.
Auch der Franziskaner Richard Rohr geht hart mit seinem „Idealismus" ins Gericht, wenn er schreibt:
„Ich gehe wieder von mir selbst aus. Wir EINSER sind idealistisch und perfektionistisch. Wir wollen die Welt vervollkommnen. Wir ärgern uns – meist heimlich –, weil die Welt nicht vollkommen ist. Gleichzeitig sind wir Genies der Wahrnehmung: Deutlicher als andere sehen wir, was tatsächlich nicht in Ordnung ist. Es kann aber die Hölle sein damit zu leben. Wenn wir uns selbst überlassen bleiben, werden wir hyperkritisch. Nörgler, Leute, deren Gegenwart anderen mit der Zeit auf den Geist geht. Denn zu viel des Guten wird automatisch etwas Schlechtes." [1]

Viele hochherzige Idealisten meinen es gut, machen es aber nicht gut. Ihre überhöhten Prinzipien machen ihnen zu schaffen. Sie spüren den Kampf zwischen Gut und Böse, zwischen Fleisch und Geist, zwischen Ideal und Realität. Der Konflikt zwischen der Vollkommenheit ihres Ideals und ihrer eigenen Unvollkommenheit macht sie unglücklich und unzufrieden. Nicht wenige scheitern.

Menschen mit verstiegenen Idealen können sich Sünden, die sie begangen haben, nicht verzeihen. Sie erwarten, dass Gott Sünde vergibt, weil er der barmherzige und gnädige Gott ist. Selbst behandeln sie sich ungnädig. Im Grunde wollen sie Gott rechts und links überholen. Menschen mit einem verstiegenen Ideal leiden an einem grandiosen Überheblichkeitsstreben.

Ein junger Mann in der Seelsorge hat das „verstiegene Ideal", von einer jungen Frau, die er über alles liebt, felsenfest zu wissen: „Diese junge Dame muss meine Frau werden. Diese oder keine." Er sagt zu ihr als gläubiger Christ: „Der Heilige Geist hat mir offenbart, du wirst meine Frau." Von dieser Idee und diesem Ideal ist er nicht abzubringen. Je fanatischer er diese Gewissheit ausspricht, desto zweifelnder wird die junge Dame. Sie fühlt sich von dem jungen Mann erdrückt und erpresst. In der Beratung macht sie deutlich: „Mir hat der Heilige Geist nichts gesagt. Ich kann nicht und ich will nicht. Aus irgendeinem nicht klaren Grund habe ich Angst vor diesem Mann."

Was geschieht? Der junge Mann hängt deprimiert, arbeitsunfähig und verzweifelt zu Hause rum. Der Vater bekommt einen tödlichen Herzinfarkt. Die Mutter des jungen Mannes fühlt sich aus der Bahn geworfen und ruft ihrem Sohn in der Hoffnungslosigkeit zu: „Du hast deinen Vater umgebracht!" Der Sohn landet für ein Jahr in der Psychiatrie. „Alles oder nichts!" – „Ich kriege die Frau, oder ich bringe mich um." –

„Sie wird meine Frau, oder ich will nicht mehr leben." – Ein verstiegenes Ideal.

Im Hochleistungssport habe ich einen klugen Satz gelesen, der die Alles-oder-nichts-Einstellung widerspiegelt.
„Der Trainer hat alles getan, er hat alles trainiert, nur nicht die Niederlage." Wie viele sehen nur das Treppchen, auf dem sie ihren Triumph genießen, aber nicht die Tränen, die sie weinen, wenn der Erfolg ausbleibt. Wer nicht verlieren kann, muss leiden. Wer Niederlagen nicht einstecken kann, kann sich in die Verzweiflung stürzen. Wer *alles* will und scheitert, steht plötzlich vor dem *Nichts*.

Das Überforderungssymptom

Wolfgang Schmidbauer hat sich als Psychoanalytiker mit der Destruktivität von Idealen beschäftigt und schreibt über das Alles-oder-nichts-Syndrom:
„Wer mit der Einstellung ‚Alles oder nichts' lebt, wird immer wieder in Situationen kommen, in denen die eigenen Ziele unerreichbar scheinen. Aus dem Gefühl, das Entscheidende versäumt zu haben, entsteht eine lähmende Leere, die keine neuen Wünsche zulässt. Nur vernichtet der Überanspruch, das Perfektionsideal – etwa eines vollkommenen Partners – die Chancen, ein erfülltes und glückliches Leben zu führen."[2]
Dem Überforderungssymptom liegt ein *Überanspruch* zugrunde. Jemand will
– den vollkommenen Partner,
– den idealen Beruf,
– den optimalen Staat,
– den bestmöglichen Lehrer usw.

Das zerstörende Ideal zwingt den Menschen, angstvoll und erwartungsvoll in die Zukunft zu schauen oder deprimiert in die Vergangenheit. Die Gegenwart taugt nichts. Das Schmerzliche dieses Überforderungssymptoms ist, dass der Betreffende den Boden unter den Füßen verloren hat. Er schaut – wie Hans guck in die Luft – zu den unerreichbaren Sternen und landet in der Tiefe. Eine lähmende Leere packt ihn. Und diese Leere kann schnell zum Suizid führen, weil das Ideal nicht erreicht wird. Das Streben zum Höchsten ist immer mit dem jähen Fall in die Tiefe verbunden. Das Alles-oder-nichts-Prinzip ist eine neurotische Überzeugung. Es ist eine krank machende Überforderung. Warum haben viele Menschen mit schweren Depressionen zu tun? Es sind in der Regel hoch ehrgeizige Menschen, die Enttäuschungen nicht verkraften.

Die Psyche des Magersüchtigen

Das Alles-oder-nichts-Denken finden wir fast immer bei Magersüchtigen. Sie realisieren einen übertriebenen Ehrgeiz. Der Berliner Therapeut Josef Rattner beschreibt die Einstellung des Magersüchtigen so:

„Die Magersüchtigen haben Phasen in ihrem Leben, wo sie ‚alles haben wollen'. Das kann sich drastisch in Fressgier umsetzen, sodass nicht selten der Magersucht eine Fettsucht voranging. Auch hängt dies mit dem Ernährungsregime einer Mutter zusammen, die ihr Kind ‚stopfen will'. Es gibt Mütter, die ihre Liebe zum Kind mit ‚Suppenlogik und Knödelargumenten' (Freud) bezeugen. Das Kind ertrinkt in der mütterlichen Liebe und im eigenen Fett. Die Askese setzt dann ein, wenn die Liebe der Mutter angezweifelt und verloren wird. (...) Das Nicht-Essen ist dann eine Äußerung feindseliger, eifersüchtiger Impulse. (...) Nun wollen sie durch Hungern ihre Brüste beseitigen und durch Abtöten aller Nahrungsimpulse ein reines und unberührtes Leben führen. (...) Ein irregeleitetes Geltungs- und Vollkommenheitsstreben lenkt sie zur Auszehrung hin, an der sie, sofern Psychotherapie nicht helfend eingreift, zuletzt sterben."[3]

Was macht die Lebenserfahrung der Magersüchtigen deutlich?
– Sicher handelt es sich um eine Alles-oder-nichts-Persönlichkeit. Ihr Lebensstil wird beherrscht vom „Ich will *alles* haben, ich will *alles* genießen". Alles frisst sie in sich hinein. Eine ausgesprochene Gier kennzeichnet den Lebensstil. Sie frisst grenzenlos, kritiklos und hemmungslos. Sie will die Fülle des Lebens auskosten.
– Dann fällt sie ins Gegenteil. Die Bewegungsrichtung wird radikal verändert. Sie praktiziert die totale Verweigerung. Sie hungert.
– Vorher von der Mutter „verwöhnt und vollgestopft", in der Pubertät, in der Ablösungsphase vom Elternhaus, dann die Kehrtwendung. Mutters Liebe und Fürsorge werden infrage gestellt. Die Liebe der Mutter wird als Egoismus verstanden. Aus Verwöhnung wird Hass.

Ist es nicht interessant, dass die Hersteller von Babynahrung ihre Produkte so würzen, dass sie den Müttern auch schmecken? Diese Verkaufsstrategie weist auf die Tatsache hin, dass die Mutter das Kind wie das eigene Selbst behandelt, dessen Geschmack ebenso wie andere Bedürfnisse nicht von den eigenen unterscheidbar sind. Das maßlose Denken wird deutlich. Das „irregeleitete Vollkommenheitsstreben" zielt jetzt auf das *Nichts* hin.
Magersüchtige verweigern *das Leben*. Magersüchtige ver-

weigern *den Genuss*. Magersüchtige negieren das *Wachsen und Reifen*. Viele wollen verhungern und sterben. Sie rechnen gnadenlos mit sich und dem „Leben" ab. Alles oder nichts.

Wie kommt es zum Selbstmord oder zur Selbstmordvorstellung?

Alles-oder-nichts-Sympathisanten geraten schnell, ohne dass sie es wollen, in Sackgassen. Je höher die Ideale, desto tiefer die Enttäuschungen. Wolfgang Schmidbauer kann schreiben: „Tatsächlich beruhen die meisten Selbstmorde auf einem (real oder phantasierten) Verlust bisher für fest gehaltener Ideale oder idealisierter Bezugspersonen. Anderseits ist für den Menschen, der nicht Selbstmord oder einen Zusammenbruch seines Ichs in Irrsinn und Wahn zum Opfer fallen wird, Ablösung und Trennung von Idealen notwendig. Das Kind sieht, dass eine idealisierte Erwartung nicht eintreffen wird, bricht in Wut, in Tränen aus und wendet sich dann nach einer kürzeren oder längeren Erholungsphase neuen Handlungsentwürfen zu." [4]

Mit anderen Worten: Ein Kind *lernt* normalerweise mit „idealisierten Erwartungen" umzugehen. Das kostbare Fahrrad, das es sich zu Weihnachten gewünscht hat, oder die Note Eins in einem bestimmten Fach sind nicht eingetroffen. Je nach Enttäuschung wird der Schmerz hinausgeschrien oder die Wut den Füßen überlassen. Es gehen ein paar Dinge kaputt. Die Eltern werden mit Lieblosigkeiten bestraft, aber dann ist weitgehend die Welt wieder in Ordnung. Einige lassen sich mit Sprüchen trösten wie „Es hat doch keinen Sinn, über verschüttete Milch zu weinen." Schmidbauer weist darauf hin, dass das Wort „Milch" auf die Muttermilch hinweist. Der Verlust der Brust, die ideale Befriedigung durch die Mutter, wird deutlich. Noch einmal Schmid-bauer:

„Für den Säugling ist das ‚Alles-oder-nichts-Prinzip‘, das wir als den destruktiven Teil der Idealisierungsvorgänge beim Menschen beschrieben haben, ein Stück Lebenswirklichkeit. Für ihn gibt es nur die Brust. Findet er sie, dann findet er alles, was er braucht, und fühlt sich als allmächtiger Herrscher der Wirklichkeit, weil er ja der eine vollkommene und umfassende Befriedigung gewinnende Teil der Mutter ist. Findet er sie nicht, dann hat er nichts, woran er sich in seiner hilflosen Wut halten kann." [5]

Kinder und spätere Erwachsene, die es nicht gelernt haben, mit „idealisierten Erwartungen" umzugehen, fliehen in die Resignation. Sie stürzen sich in die Enttäuschung. Sie haben den Appetit am Leben verloren, sie wollen sterben.

Das Schwarz-Weiß-Schema

Der Psychiater Werner Hut hat ein grundlegendes Werk über „Glaube, Ideologie und Wahn" geschrieben. In dem Buch findet sich der Satz:

„Die meisten Gräueltaten der Menschheitsgeschichte wurden ‚reinen Herzens‘ begangen. Das heißt doch wohl, dass Ideologie von ihren Anhängern meistens ohne Gefühl und Zynismus durchgezogen wird."

Wer Gefühle ausblendet, kann kompromisslos denken und handeln. Der normale Mensch weiß um Schwarz und Weiß, um Licht und Dunkel und um Höhen und Tiefen. Er versucht, sich mit den Schattenseiten zu arrangieren. Aber eine Persönlichkeit, die ideologisch gesteuert wird, wird mit Extremen nicht fertig. Alle Mitteltöne existieren nicht, alle Zwischentöne werden ausgeblendet. Das Gute verwirklicht sich in der eigenen Ideologie, das Böse steht in der Welt draußen.

Mir scheint, Ideologien sind austauschbar. Aus manchem Kommunisten ist 1933 ein Nazi geworden. Und nicht wenige Nazis leisteten in der ehemaligen DDR nach 1949 treue Dienste. Auch viele Revoluzzer der Bewegung 1968 haben sich später in die braun-nationale Ecke bewegt.

Der Ideologe hat sich dem Alles-oder-nichts-Prinzip verschrieben. Er strebt nach dem *Totalen*, nach dem *Absoluten*, nach dem *Nonplusultra*.

Er kennt nur ein *Dafür* oder ein *Dagegen*. Alle Zwischentöne werden eliminiert. Auch Opfer, die auf dem Wege zum Absoluten gebracht werden müssen, zählen nicht.

Das *Menschliche* bleibt draußen vor. Das *Gewissen* wird ausgeblendet. Die *Kritik* wird still gemacht.

Nach Werner Hut sind Ideologen *Autisten*, die sich um sich selbst drehen und nicht liebesfähig sind. Ihre Prinzipien sind höher als alles Menschliche. Ihre Gefühlskälte erschlägt alle sozialen Regungen.

Wie entwickeln sich solche Alles-oder-nichts-Menschen? Sie müssen in der Kindheit eine widersprüchliche Erziehung erfahren haben. Ihre Bezugspersonen müssen ihnen widersprüchliche Botschaften signalisiert haben. Sie haben Zuwendung und Hass, Liebe und Gewalt, Fürsorge und Ablehnung erfahren – und konnten die Widersprüche nicht in sich vereinigen.

Petrus oder das Alles-oder-nichts-Prinzip

Der amerikanische Seelsorger David Seamands spricht unverhohlen bei Petrus von einem Menschen, der diese Wesensart spiegelt. Auf dem Wege der Verklärung hat er Angst, aber er findet es aufregend. Er will Hütten bauen und für immer dort bleiben. Was er denkt und will, sprengt alle Maßstäbe. Alles oder nichts.

Beim Abendmahl sagt er zu Jesus: „Herr, du sollst nicht meine Füße waschen. Ich kann es nicht zulassen, dass du so etwas tust." Als er von Jesus getadelt wird, will er, dass nicht nur seine Füße gewaschen werden, sondern der *ganze* Mensch. In den letzten Stunden, die Jesus vor seinem Tode mit den Jüngern verbringt, sagt er: „Ich weiß genau, dass einer von euch mich verraten wird." Die Jünger sind sehr bestürzt, und einer nach dem andern fragt ihn: „Du meinst doch nicht mich, Herr?" Auf dem Weg zum Ölberg sagt Jesus zu seinen Jüngern: „Heute Nacht werdet ihr alle an mir irre werden." Petrus widerspricht ihm, heißt es bei Matthäus (26,33). „Selbst wenn alle andern an dir irre werden – ich bestimmt nicht!" Jesus macht den Jünger mit seiner idealistischen Gesinnung darauf aufmerksam, dass er sich ja nicht täuschen soll, denn ehe der Hahn in der folgenden Nacht dreimal gekräht hat, würde ausgerechnet Petrus ihn dreimal verraten. Und Petrus sagt (Matthäus 26,35): „Das werde ich niemals tun, und wenn ich mit dir zusammen sterben müsste." Jeder kennt die peinliche Fortsetzung. Als Jesus im Garten Gethsemane gefangen genommen und Petrus in der Nähe von einer Frau gesehen wird, bestreitet er rundheraus diesen Mann überhaupt zu kennen. Petrus glaubt an seinen Idealismus. Er will ehrlich das Höchste und Beste. Er will eine radikale Nachfolge, ohne die geringste Einschränkung. An dem Idealisten Petrus macht der Herr deutlich:

- Wir sollen uns nicht *überschätzen*.
- Wir sollen Fehler und Schwächen *bejahen*.
- Niemand kann für sich die Hände ins *Feuer legen*.
- Niemand ist vollkommen, *nur Jesus selbst*.

David Seamands charakterisiert diese Menschen so:

„Viele Menschen sind schon zu uns in die Seelsorge gekommen, die Schwierigkeiten mit diesem Problem hatten, und es stellte sich heraus, dass die meisten von ihnen eine ‚Alles-oder-nichts-Weltanschauung' hatten. Ihre Welt hat nur zwei Farben – blütenweiß oder pechschwarz. Wenn sie keine Höchstleistungen erzielen, sind sie völlige Nieten. Das führt sie zu Stimmungshochs und Stimmungstiefs. Sie beschreiben sich selbst als ‚geistliche Jo-Jos'. "[6]

Trotz allem wurde Petrus niemals von Jesus aufgegeben. Und Petrus selbst, der sicher sein Alles-oder-nichts-Syndrom kannte, hat darüber viele Tränen vergossen, aber er hat sich nicht wie Judas aus Verzweiflung umgebracht.

Radikale Jesus-Nachfolge ist gut. Sie darf aber nicht darüber hinwegtäuschen, dass Christen Sünder bleiben, unvollkommene Menschen, die nur durch Christus selbst ein vollkommenes und damit ungeteiltes Leben aus ihm führen können. Wie sagte der englische Theologe Oswald Chambers: „Unsere Vollkommenheit meint, dass wir uns vollkommen auf Jesus verlassen." Das ist realistisch und nicht idealistisch.

Paulus, der Eiferer

Der Apostel Paulus liebte keine Halbheiten. Was er machte, machte er ganz. Als Diaspora-Jude hatte er sich, einer Tradition seiner Familie folgend, den Pharisäern angeschlossen. In der Lebenspraxis und in der Mission waren sie die strengsten und rigorosesten Nachfolger Gottes. Im Philipperbrief kennzeichnet sich Paulus so:

„Außerdem gehörte ich zu den Pharisäern, der Gruppe, die

am strengsten darauf achtete, dass Gottes Gesetz eingehalten wird. Ich habe die christliche Gemeinde mit fanatischem Eifer verfolgt und die Regeln des Gesetzes bis in alle Einzelheiten erfüllt. Gemessen an dem, was das Gesetz fordert, brauchte ich mir nichts vorzuwerfen" (Phil 3,6).

Welcher Mensch kann das schon von sich behaupten? Der Apostel sagt es selbst, dass er vor seiner Bekehrung ein Eiferer, ja ein Fanatiker war.

Der Theologe Rolf Kaufmann, der ein Buch über den größten Apostel aller Zeiten geschrieben hat, formuliert an einer Stelle:

„Paulus war ein Eiferer. Der Diaspora-Jude Paulus war pharisäischer Heidenmissionar strengster Observanz, quasi ‚päpstlicher als der Papst', geworden – was ja bei ‚Konvertiten' nicht selten der Fall ist. Er predigt ‚die Beschneidung' (Galater 5,11), wollte also für das Judentum nicht bloß ‚Gottesfürchtige', sondern ‚vollwertige' Proselyten gewinnen: Alles oder nichts!"[7]

Er verfolgte die Christen erbarmungslos und lieferte sie ans Messer. Kaufmann sieht in dem jungen Paulus auch den Alles-oder-nichts-Menschen. In seiner Tüchtigkeit erlebt er die Spannung, die diese Menschen aushalten müssen: Sie lassen sich von der Sonne des Erfolges blenden, sie wollen allzu hoch hinaus. Sie stehen in der Gefahr, die gesunde Spannung zwischen oben und unten, zwischen Himmel und Erde, zwischen Sonne und Meer, zwischen Höhen und Tiefen zu überdehnen.

Aber das muss klar und deutlich gesagt werden: Nachdem Paulus Christus kennen gelernt hatte, wurde *alles*, was für ihn als Pharisäer ein unschätzbarer Gewinn war, zum *Nichts*. Er nahm die Botschaft Christi „Lass dir an meiner Gnade genügen" nicht nur mit dem Kopf wahr, er übersetzte sie konsequent ins persönliche Leben.

Martin Luther, der auch ein Eiferer war, mit völlig überhöhten Forderungen an sich selbst, ist bei Paulus zur Kurskorrektur seines Lebens gekommen. Sein geistlicher Rigorismus hätte ihn zerstört. Das Alles-oder-nichts-Denken ist ein menschlicher und geistlicher Irrweg.

Viele Tüchtige in unserer Gesellschaft huldigen dieser Ideologie. Viele Tüchtige bleiben auf der Strecke. Sie ruinieren ihr persönliches Leben und das Leben ihrer Angehörigen.

Petrus, Paulus und Luther sind auch Beispiele dafür, dass falsches Denken, Idealismus und Alles-oder-nichts-Prinzipien in der Kraft Gottes geändert werden können. Diese Denk- und Lebensgewohnheiten können – Gott sei Dank – korrigiert und überwunden werden.

Wie können Menschen aus dem Teufelskreis des Alles-oder-nichts-Denkens heraus? Welche Hilfen sind denkbar? Welche Schritte sind erforderlich, das oft selbstzerstörerische Verhalten aufzugeben?

Denkanstoß Nr. 1:
Einsicht ist der erste Schritt zur Veränderung.
Ohne Einsicht ändert sich in einem Denk- und Verhaltensmuster nichts. Ohne Einsicht fällt der Mensch in Liebe, Beruf und in seinem Glauben immer wieder auf diese Lebensüberzeugung herein. Ich ändere nur etwas, wenn ich die Einsicht gewinne:
– Mein *Denken* ist falsch,
– mein *Verhalten* ist falsch,
– mein *Leben* läuft falsch.

Fortwährend lande ich in Resignation, in Sackgassen, in Verzweiflung und in völliger Apathie. Einsicht ist mehr als ein theoretisches Für-wahr-Halten. Einsicht ist mehr als eine wohlwollende Übereinstimmung. Sie kennen die fragwürdigen Sätze:

– „Im Prinzip ist da etwas dran."
– „Man kann sich dieser Logik nicht ganz verschließen."
– „Eigentlich sollte ich diese Einstellungsmuster aufgeben."

Boshaft könnte man sagen: 25 % Einsicht, 75 % Widerstand. Auf allen Gebieten lieb gewordene Überzeugungen aufzugeben, fällt sehr schwer. Der Mensch *ist* ein Gewohnheitstier. Er kennt seine Stimmungsschwankungen, seine Hochs und Tiefs. Die Umgestaltung kostet eine völlig neue Weltsicht. Und die ist ihm zu anstrengend. Wohl den Menschen, die einsehen, dass ihr bisheriges Denken und Leben falsch programmiert ist, und die mit der Einsicht alternative Lebensschritte vollziehen.

Denkanstoß Nr. 2:
Reif werden heißt, kindliche Verhaltensweisen abzulegen.
Das Alles-oder-nichts-Denken ist tief in vielen Menschen verwurzelt. Es lässt sich nicht wie ein schmutziges Kleidungsstück mit einer Handbewegung abstreifen. Eine andere Denk-Gewohnheit muss systematisch eingeübt werden. David Seamands beschreibt das so:
„Ich habe früher gemeint, dass der Mensch, wenn er erwachsen wird, seine kindlichen Verhaltensweisen allmählich ablegt und sich ein Verhalten des Erwachsenseins bildet. Doch ich habe herausgefunden, dass das nicht stimmt. (...) Das Neue Testament sagt uns, wir sollen kindische Verhaltensweisen, *katargein*, die uns davon abhalten, reif zu werden, ablegen. Das griechische Wort bedeutet: weglegen, wir-

kungslos, untätig, kraftlos werden lassen, etwas entfernen; einen Menschen von etwas frei werden lassen, das ihn gebunden hält."[8]

Alles-oder-nichts-Einstellungen sind kindisch. Sie klingen überzeugend. Aber sie sind gefährlich. Sie richten mehr Schaden als Nutzen an. Dem Teufel sind sie willkommene Verhaltensmuster. Er redet sie dem Menschen ein. Und doch ist hier der „fromme Teufel" am Werk. Idealistische Absichten in Schwarz-Weiß-Manier lassen den Menschen scheitern. Christen müssen *katargein* einüben. Überansprüche sind kindische Verhaltensweisen. Das Alles-oder-nichts-Denken beschert dem Menschen mehr Tränen als Freude.

Denkanstoß Nr. 3:
Wir korrigieren unsere überhöhten Ansprüche.
Unser Lebensstil beinhaltet unsere Grundüberzeugungen. Er umfasst unsere Denk-, Gefühls- und Verhaltensmuster. Er verkörpert unsere Glaubens- und unsere Weltanschauung. Der Lebensstil beinhaltet auch unsere überhöhten Ansprüche. Das Alles-oder-nichts-Denken zeigt ja,
– dass nur das *Einmalige* in meinen Augen gilt,
– dass nur das *Überragende* in meinen Augen Platz hat,
– dass nur das *Allerbeste* wert ist, angestrebt zu werden.

Auch im christlichen Glauben wird der Überanspruch deutlich. Jede Unvollkommenheit und Schwäche muss mit äußerster Disziplin ausgerottet werden. Nachfolge wird zur Selbstkasteiung.

Es ist hilfreich, die Überansprüche konkret auf einem Blatt Papier zu benennen. Gute Vorsätze helfen nicht weiter. Sie sind bestenfalls Pflastersteine für die Hölle. Sie können alle

Lebensbereiche nennen, wo das Schwarz-Weiß-Denken zum Vorschein kommen kann:
– im Beruf,
– im Zwischenmenschlichen,
– im Haushalt,
– in der Freizeit (wenn welche bleibt),
– im christlichen Glauben.
Welche *Erwartungen* wollen Sie verringern? Welche Ehrgeizziele wollen Sie kappen? Welche Ideale wollen Sie korrigieren? Dem Mutigen lässt es Gott gelingen.

Denkanstoß Nr. 4:
So, wie du bist, bist du gut genug.
Das ist ein geistlicher Kernsatz. In ihm stecken Hilfe und Heilung. Er beinhaltet auch eine menschliche Lebensweisheit. Ich habe ihn vor mehr als dreißig Jahren zum ersten Mal von meinem psychologischen Lehrer, Professor Rudolf Dreikurs, gehört. Der Satz verleitet zum Missverständnis und heißt nicht:
Der Mensch ist *gut* – das wäre eine Irrlehre, sondern er heißt:
„So, wie du bist, bist du *gut genug.*"
Gott allein ist gut. Aber: Wer sich auf Christus verlässt,
– der ist *gut genug,*
– der *reicht aus,*
– der *genügt ihm.*

Dieser Satz ist der Schlüssel für eine Lebensstilkorrektur. Er ist der Schlüssel für eine Gesinnungsänderung. Er ist der Schlüssel zur Korrektur eines Alles-oder-nichts-Denkens. Wer ihm gehört, muss nicht mehr *alles* aufbieten, um in dieser Welt zu gelten. Er darf sich annehmen, wie er ist. Er darf ja zu sich sagen. Ohne Einschränkung kann er sich akzeptieren. Automatisch brechen die Überansprüche in sich zusammen. Die Hochstapelei hat ein Ende. Der elende Konkurrenzkampf ist nicht mehr nötig. Bittere Lebensenttäuschungen, Resignation und Verzweiflung bleiben ihm erspart. Er muss nicht mehr dekompensieren, indem er ein Nichts wird, eine Null und ein Niemand. Er wird geliebt – ein beglückendes Gefühl.

Wie kann Perfektionismus überwunden werden?

Welche Hilfen sind angezeigt, die Seelsorger und Fachleute weltweit getestet haben? Nicht alle Hilfen sind für jeden praktikabel. Wer sich innerlich wehrt, sollte Abstand nehmen. Versuchen Sie, sich in jede Hilfe hineinzuversetzen.

Hilfe Nr. 1:
Akzeptieren Sie den Kontrollzwang

Ausdrücklich wurde gesagt: Wer den Kontrollzwang bekämpft, bindet sich an die Gedanken, die er abwehren will. Zwangsgedanken ergreifen von Ihnen Besitz, wenn Sie sie attackieren. Je weniger Sie sich mit Abwehr beschäftigen, desto uninteressanter wird der Kontrollzwang. Sie wissen zwar, dass die Kontrollzwänge irreal sind, aber Sie haben Sie nun mal. Ja und?
Wenn Sie Ihren Widerstand aufgeben, verlieren die Gedanken Macht über Sie. Angst und Befürchtungen halten die Kontrollzwänge aufrecht. Sie können es nur ausprobieren. Bestimmte Therapierichtungen haben gute Erfahrungen mit dieser Methode gemacht. Lassen Sie sich betend darauf ein.
„Herr, ich will diese Kontroll- und Ordnungszwänge bejahen. Ich weiß, dass sie unvernünftig sind. Aber sie gehören zu mir. Ich kann damit leben. Es gibt Schlimmeres!"
Sie bagatellisieren Ihre Probleme und nehmen Ihnen die Schärfe. Sie stellen sie nicht mehr pausenlos in den Mittelpunkt und vergeuden Ihre kostbare Zeit mit Putzen und Kontrolle. Nur wenn Sie wirklich von dieser Einstellung

überzeugt sind, lassen die Kontroll- und Ordnungszwänge nach. Sie lassen die Gedanken nicht nur zu, Sie heißen sie sogar willkommen. Der Kampf dagegen hat ein Ende.

Hilfe Nr. 2:
Fordern Sie sich spitzbübisch dazu auf, noch ordentlicher zu sein!

Auch diese Methode leuchtet vielen Menschen nicht ein. Sie zweifeln an der Richtigkeit. Und doch hat sie bei vielen Betroffenen zum Erfolg geführt. Die Methode hat viele Namen: „paradoxe Intention", „paradoxe Verschreibung", „die Verblüffung", „das Unerwartete tun".

Genau genommen tun Sie das Gegenteil von dem, was Sie bisher getan haben. Bisher sind Sie *gegen* das Problem zu Felde gezogen. Sie haben es bekämpft. Und der Erfolg? Mit dem Kampf haben Sie es aufrechterhalten. Der Kampf hat Sie an das Problem gefesselt. Verzweifelt und tierisch ernst sind Sie dem Problem auf den Leim gekrochen.

Viktor E. Frankl hat die paradoxe Intention so beschrieben: „Die paradoxe Intention ist echteste Logotherapie. Der Patient soll die Neurose objektivieren und sich von ihr distanzieren. (...) Nichts lässt den Patienten von sich selbst so distanzieren wie der *Humor*. (...) Der Patient soll lernen, der Angst ins Gesicht zu sehen, ja, ihr ins Gesicht zu lachen. Hierzu bedarf es eines Mutes zur Lächerlichkeit. Der Arzt darf sich nicht genieren dem Patienten vorzusagen, ja vorzuschlagen, was sich der Patient sagen soll." [1]

Humor ist, wenn man trotzdem lacht. Wer über sich lachen kann, nimmt seine Probleme weniger ernst. Wenn er sich selbst auf die Schippe nehmen kann mit seinen Fehlern und Schwächen, hat er weniger Angst sich zu blamieren. Er hat seine Blamage schon vorweggenommen. Scham kann er kaum noch empfinden. Er hat sie andern ja schon erzählt. Er *bekämpft* nicht mehr seine Schwächen, er *steht* zu ihnen. Ein paar konkrete Anweisungen und Selbstappelle lauten etwa so:

„Edith, geliebte perfekte Seele, deine Küche sieht erbärmlich aus. Nimm dir einen Tag Zeit und schufte wie eine Besessene! Wenn du dann heute Abend völlig kaputt ins Bett fällst, dann hat sich deine Dummheit wenigstens gelohnt!"

„Werner, du trägst deinen Spitznamen als ‚Erbsenzähler' zu Recht. Mach deinem Namen alle Ehre! Vielleicht kommst du eines Tages ins Guiness-Buch der Rekorde. Du hast sogar die Bäume des Westerwaldes gezählt. Du bist zwar verrückt, aber groß!"

Wer *über* dem Problem steht, kann darüber lachen. Wer *unter* dem Problem steht, wird von ihm erdrückt, kann nur jammern und klagen.

Hilfe Nr. 3:
Vermeiden Sie die Selbstzerstörung!

Die griechischen Heroen, die uns in vielen Legenden nahe gebracht wurden, sind ein beredtes Beispiel dafür, wie sie sich mit ihrem Perfektionismus und Idealismus zugrunde gerichtet haben.

Da ist Sisyphos. Er muss einen schweren Stein zum Gipfel hinaufstemmen. Kurz vor dem Gipfel ereilt ihn das Unglück. Das Gewicht wird erdrückend. Die Kräfte sind erlahmt, Sisyphos kann den schweren Felsbrocken nicht mehr halten und lässt ihn mit voller Wucht zurückrollen. Sisyphos ist erschöpft und enttäuscht. Aber er muss die gleichen Anstrengungen wiederholen, wenn er nicht sterben will. Über seinem Tun steht ein Wort: „vergeblich". Mit immer neuen Anstrengungen geht Sisyphos an die Arbeit. Doch kurz vor dem Gipfel ereilt ihn wieder das Missgeschick. Er schafft es nicht. Sisyphos ist entmutigt, resigniert und völlig enttäuscht.

Viele Christen gleichen dem Sisyphos. Sie wollen das Unmögliche möglich machen. Sie wollen aus eigener Kraft und mit heroischer Anstrengung die Leidenschaften ihres Lebens besiegen, die Kontrolle über Wünsche und Triebe im Griff haben. Ihr Perfektionismus ist beängstigend und ihr Idealismus beneidenswert. Aber weil die Sterne zu hoch hängen,

- erleben sie körperliche und seelische Zusammenbrüche,
- erleben sie Phasen völliger Antriebslosigkeit,
- erleben sie Enttäuschungen, Resignation und Verbitterung.

Ihre Ziele sind von ihnen selbst hoch geschraubt. Sie ruinieren ihre Gesundheit, sie zerstören ihren Selbstwert, ihren Glauben an sich und den Glauben an den lebendigen Gott. Was machen diese Christen falsch?

Statt sich mit Fehlern und Schwächen, mit Stärken und Mängeln dem lebendigen Gott auszuliefern, wollen sie mit eigener Kraft, mit Ehrgeiz und frommer Leistung ihr Leben in den Griff bekommen.

- Hier ist das *Idealbild* wichtiger als der Wille Gottes.
- Hier ist der *Selbstanspruch* wichtiger als der Anspruch Gottes.
- Hier ist die *Selbstüberforderung* wichtiger als die Forderung der Bibel.

Es fehlen Ruhe und Gelassenheit. Perfektionismus und Selbstzerstörung gehen ein fragwürdiges Bündnis ein.

Der Begründer der Logotherapie, Viktor E. Frankl, hat eine Therapiemethode entwickelt, die er „Dereflexion" nennt. In einem Buch formuliert er:

„Die Gnade der Selbstvergessenheit. Dereflexion meint letzten Endes: sich selbst ignorieren. Im Tagebuch eines Landpfarrers von Bernanos findet sich der schöne Satz: ‚Es ist leichter, als man glaubt, sich zu hassen; die Gnade besteht darin, sich zu vergessen.' Nun, wir dürfen die Aussage variieren und wir können dann sagen, was sich so mancher neurotische Mensch nicht oft genug vor Augen halten kann, nämlich: Viel wichtiger als sich zu *verachten* (Übergewissenhaftigkeit) oder sich zu *beachten* (Überbewusstheit), viel wichtiger als dies wäre, sich endlich vollends zu *vergessen*. Nur dass es unsere Patienten dann nicht so machen dürfen wie Kant, der einmal seinen diebischen Diener entlassen musste, seinen Schmerz aber nicht verhindern konnte, und, um sich dazu zu zwingen, an eine Zimmerwand eine Tafel hängte mit der Aufschrift: ‚Mein Diener muss vergessen werden.'" [2]

Der große deutsche Philosoph Kant machte etwas, was mit Sicherheit nicht funktionierte. Indem er einen Zettel an die Wand heftete: „Mein Diener muss vergessen werden", dachte er pausenlos an den Diener als Dieb. Wer sich gedanklich mit dem Diener beschäftigt, kann ihn nicht loslassen, kann ihn nicht *ignorieren*.

Wer eine Dereflexion erreichen will, wer seine Probleme – den Perfektionismus – ignorieren will, braucht Entkrampfung, Entlastung und Entspannung. Der Betroffene muss lernen, sozusagen seine Zügel schießen zu lassen. Was kann er sagen? „Guten Morgen, lieber Perfektionismus, stehst du schon wieder für mich bereit?"

Indem der Betroffene darüber lächeln kann, indem er die Neurose ironisiert, verliert sie ihren Ernst, verliert sie ihren Biss. Der Mensch geht leichter als bisher zur Tagesordnung über. Die Entkrampfung beginnt langsam, aber sicher.

Wie in einem anderen Beispiel die Dereflexion funktioniert, schildert uns die Schülerin Viktor Frankls, Elisabeth Lukas: Sie behandelte einen jungen Priester, der unter vielen psychosomatischen Beschwerden litt. Während der Messe zitterten seine Knie, das Atmen fiel ihm schwer, die Bewegung seiner Hände wurde fahrig, er brach in Schweiß aus und am Ende war er kaum in der Lage, die Messe zu Ende zu bringen. Elisabeth Lukas schreibt:

„Wem es vorrangig darum geht, ein erfolgreicher Priester zu sein, der muss davor zittern, ein erfolgloser zu werden, und wenn es um die Bewunderung geht, die er erlangen möchte, der muss sich vor der Blamage fürchten. ‚Haben Sie schon einmal eine Messe zur Ehre Gottes gehalten?', fragte ich meinen Patienten, der verblüfft aufsah. ‚Bloß zur Ehre Gottes', fuhr ich fort, ‚um IHM zu dienen ... Das Serum, das Sie gegen Ihre Beschwerden benötigen, müssen Sie selbst produzieren. Es ist die Hingabe an Ihren Beruf. Sie dürfen sich nicht intensiv beobachten, ob Sie nur ja alles perfekt beherrschen. Sie müssen sich vielmehr ganz vergessen und mit Ihren Gedanken bei dem Inhaltlichen Ihres Amtes verweilen. Dann werden Sie Ihr Amt beherrschen!'" [3]

Der Priester als Perfektionist hat sich und seine Vollkommenheit zu sehr im Auge. Er will bewundert und angesehen sein. Er will ankommen. In dem Augenblick, wo er *Gott allein die Ehre gibt*, wo er sich als Priester *hingibt*, lassen seine Probleme nach. Die Selbstbeobachtung hat ein Ende. Er schaut nicht mehr auf *seine* Vollkommenheit, sondern auf IHN. Und alle Probleme, die mit Perfektionismus zusammenhängen, die Selbstüberforderung, der Ehrgeiz und die Selbstschädigung, hören auf.

Hilfe Nr. 5:
Verantwortliches Leben erfordert Life-Management

Mit Life-Management kennzeichnet der Amerikaner die gut durchdachte Planung des eigenen Lebens. Und nur der ist ein guter Manager, der auch seine Gesundheit und sein eigenes Leben managt. Ein Manager, der an einem Infarkt erkrankt, ist oft kein guter Manager. Seine Ziele sind egozentrisch, seine Lebensweise ist lebensfeindlich. Geld, Erfolg und Ehre werden zu Göttern. Sein Leib ist kein Tempel Gottes, sondern die Hülle für eine selbstherrliche Computeranlage. Für den rastlos Tätigen, den Gehetzten und Überehrgeizigen trägt in erster Linie das Herz die Last.

Der Herzinfarkt lässt sich aber verhindern. Er ist nur selten ein unvermeidbares Schicksal. Immer gehören eine Reihe Faktoren hinzu, welche die Katastrophe heraufbeschwören. Es liegt an unserer Verantwortung. Wir können frei entscheiden und mit unserem Willen dafür sorgen, dass nicht mehrere Faktoren gleichzeitig bejaht werden, die unser Herz schädigen. Der Zeitaufwand zur Verhaltensänderung ist meistens gering. Die Bibel zeigt, wie es mit unserem Leib bestellt ist. „Oder wisset ihr nicht, dass euer Leib ein Tempel des Heiligen Geistes in euch ist, den ihr von Gott habt, und dass ihr nicht euch selbst gehört?" (1. Kor. 6, 19).

Leib und Seele sind nahtlos verschweißt. Ein Hoch der Seele kann man körperlich wahrnehmen. Umgekehrt lässt ein seelisches Tief die Muskeln erschlaffen und die Stimme ermatten. Es verspannt den Magen, martert den Kopf, peinigt den Rücken. Über die vielfältigen Folgen beim Perfektionismus wurde ausführlich gesprochen. Seele und Immunsystem beeinflussen sich wechselseitig.

Unser Leib ist ein Tempel des Heiligen Geistes. Ein Tempel will wie ein Tempel behandelt werden und nicht wie eine Fabrikhalle. Auch wir Christen können diesen Leib schonungslos zugrunde richten. Auch wir Christen können mit unserem Leib und mit unserer Gesundheit Schindluder treiben. Wenn Karrierestreben, Perfektionismus, Erfolg und berufliche Höchstleistungen die eingestandenen oder uneingestandenen Lebensziele sind, zahlen Herz und Kreislauf den Preis. Und der ist hoch. Perfektionismus wird als Instrument zur Welt- und Lebensbewältigung benutzt. Es *ist* ein fehlerhaftes und chronifiziertes Verhalten.

Die private Logik, wie Alfred Adler das irrtümliche Verhalten des Menschen nennt, lässt ihm seine Lebensweise als richtig erscheinen. Die private Logik stabilisiert das Selbstwertgefühl. Der Mensch kann vor sich und anderen bestehen. Er schummelt in die eigene Tasche und ist einigermaßen mit sich zufrieden.

In diesem Sinne hat die private Logik auch eine Selbstschutzfunktion. Der Mensch *glaubt* so handeln zu müssen, als ob seine Beurteilung das einzig Mögliche wäre.

Paulus traf damals die Korinther an einer empfindlichen Stelle. Christen gehören – mit ihrem Leib – nicht sich selbst, sondern Gott. Der Christ steht einerseits in der herrlichen Freiheit der Kinder Gottes, andererseits steht er mit Leib, Seele und Geist unter dem Herrschaftsanspruch des lebendigen Gottes.

Perfektionismus ist zwar eine Lebenseinstellung, also eine seelische Komponente. Aber er beeinflusst den Leib, das Immunsystem, alle Organe. Perfektionismus ist eine Glaubensfehlhaltung und eine Selbstschädigung. Leib und Seele werden entehrt. Der Körper wird missbraucht. Der Mensch zahlt wissentlich und unwissentlich einen hohen Preis.

Hilfe Nr. 6:
Verabschieden Sie sich vom Idealismus!

Viele Perfekte sind Idealisten. Sie wollen das Höchste, das Beste, das Idealste. Das führt zur Härte gegen sich selbst. Der Mensch fühlt sich nur gut, wenn er bestimmte Ideale erfüllt. Das Selbstwertgefühl ist befriedigt, wenn der Mensch seinen Idealen gerecht wird. Je mehr er aber diesen Idealen entsprechen will, desto härter muss er gegen sich zu Felde ziehen. Die Lebensfreude wird gebremst. Die Zufriedenheit wird gedeckelt. Der Selbstanspruch wird pausenlos gesteigert. Deutlich wird:
– Der *eigene Anspruch* wird zur Messlatte.
– Der *eigene Ehrgeiz* wird zum Maßstab.
– Der *eigene Egoismus* wird zur Grundlage der Nachfolge.

Nicht Gott setzt das Ideal. Nicht Gottes Wille bestimmt unser Tun und Lassen.
Der Ordenspriester Anselm Grün formuliert es in einem seiner Bücher so:
„Ich zwinge mich dazu, den Idealen zu entsprechen, und treibe so eine Art asketischen Hochleistungssport. Die Messlatte wird immer höher gelegt und die Anstrengung, sie zu überspringen, immer mehr forciert. Damit vergewaltige ich mich selbst. Wir meinen, Gott möchte von uns, dass wir dieses oder jenes Ideal erfüllen, etwa, dass wir immer selbstbeherrscht sind, immer freundlich, immer für die andern

da, immer nachgeben, niemals egoistisch. Aber es ist nicht Gottes Wille, sondern unser Ideal, mit dem wir den eigenen Ehrgeiz befriedigen."[4]

Je mehr wir unsere Wünsche und Bedürfnisse verdrängen, je mehr das Ideal unser Leben bestimmt, desto aggressiver und härter reagieren wir auf andere. Härte gegen sich selbst beinhaltet in der Regel Härte gegen andere. Barmherzigkeit gegen uns selbst beinhaltet in der Regel Barmherzigkeit gegen andere.

Perfektionismus und Idealismus sind häufig selbstgewählte Wege, um sich vor Gott und den Menschen herauszustreichen. Der „asketische Hochleistungssport", wie Anselm Grün diese Lebens- und Glaubenseinstellungen nennt, ist kein Weg echter und wahrer Nachfolge, sondern ein Irrweg, den uns der fromme Teufel schmackhaft machen will.

Hilfe Nr. 7:
Wenn die Vergangenheit uns nachläuft

Es ist nicht leicht, der Perfektionismus-Falle zu entgehen. Immer wieder treten die Botschaften aus der Kindheit ans Licht. Anweisungen, Tadel und Warnungen der Eltern und Großeltern stören die Partnerschaft.

Da ist ein Ratsuchender, der sitzt in einem Ehegespräch: „Ich fühle mich ständig von ihr festgelegt. Ich kann nicht mehr tun, was ich will. Sie versteht es, meine Wege, meine Pläne und meine Entscheidungen zu durchkreuzen. Wenn ich etwas vorhabe, liege ich schon auf der Lauer, ob nicht gleich eine liebevolle Stimme auftaucht, die dieses Vorhaben durchkreuzt. Es ist schrecklich, ich leide gewaltig darunter."

Die Partnerin sitzt daneben und ist entsetzt. Hilflos stammelt sie: „Das kann ich mir mit bestem Willen nicht erklären. Ich lasse ihm viel Freiraum. Wo und wann tue ich das?"
Er: „Mir fällt ein Beispiel aus der Kindheit ein. Ich hatte mich riesig gefreut, mit meinen Freunden zum Schlittschuhlaufen zu fahren. Alle Utensilien hatte ich schon eingepackt und wollte das Haus verlassen. Eine panische Angst beschlich mich: ‚Hoffentlich kommt mir die Mutter nicht in die Quere und hat eine begründete Aufgabe für mich, die unbedingt vorher erledigt werden muss.' Und prompt tritt das Unglück ein. Mit ängstlichen Augen erschien sie in der Tür und bat mich, dringend mit dem Fahrrad zur Apotheke zu fahren. Ich war zerknirscht und untröstlich. Aber ich bin gefahren. Der Nachmittag mit den Freunden war kaputt."
Ich: „Sie übertragen also eine schlimme Erfahrung aus der Kindheit auf Ihre Frau. Vermutlich sind Sie es selbst, der solche Befürchtungen hegt. Treffen sie ein, rebellieren Sie gegen Ihre Frau, wie Sie in der Kindheit gegen Ihre Mutter rebelliert haben."
Er: „Das trifft leider genau zu. Mich überfällt eine grenzenlose Wut, wenn meine Pläne und Vorhaben von ihr durchkreuzt werden."
Mit dem Perfektionismusstreben der Kindheit ist es ähnlich. Hilfreiche Schritte sind:

Schritt 1:
Ich muss die Botschaft meiner Mutter nicht erfüllen.
Da ist eine geradezu krankhafte Perfektionistin. Sie praktiziert einen Kontrollzwang, der ihr alle Freude am Leben nimmt. Was sie auch macht, denkt und fühlt, sie muss die Konsequenzen nach allen Seiten absichern. Sie darf keinen Fehler machen. Fehler sind in ihren Augen nicht menschlich, Fehler sind katastrophal und krankhaft. Sie kann keine fünf

Minuten entspannen, die Grübeleien zerstören ihre Gesundheit. Über Witze kann sie nicht lachen, das Leben ist zu schwer und ernst, alles muss sie bedenken, vordenken, überdenken und nachdenken. Ihre Befürchtungen sind Legion. Sie untergräbt ihre Aktivität. Am Abend hat sie kaum etwas geschafft, ist aber mit den Nerven fertig. Ihre Selbstkontrolle, Fehler zu vermeiden, wirkt unmenschlich.

Sie muss den Rasen schneiden. Sie sitzt eine Stunde im Sessel und überlegt, welche Fehler ihr beim Schneiden des Rasens unterlaufen könnten.

- „Ist es draußen zu warm, verdorrt der Rasen."
- „Ist die Schnittfläche beim Rasenmäher richtig eingestellt?"
- „Ist die Schnittfläche zu kurz eingestellt, verdirbt sie die Nabe."
- „Welche Käfer, Fliegen und Kleinsttiere haben jetzt Brutzeit?"
- „Störe ich auch keine Nachbarn?"
- „Ist der Rasenmäher nicht zu breit?"

Sie hat erlebt, dass ein Nachbar böse über den Zaun schaute. Sie will Fehler und Konflikte vermeiden. Sie muss perfekt und vollkommen sein.

In einem Gespräch erzählt sie ausführlich von ihrer Mutter. Sie hat ihr das Leben vergällt.

„Sie hatte einen Vollkommenheitswahn. Nichts konnte ich ihr recht machen. Sie war mit mir ständig unzufrieden. Was ich sagte, dachte und machte, es war fehlerhaft und ungenügend. Ich höre heute noch ihren Satz, den sie tausendmal gesagt hat: ‚Du machst alles kaputt!' Weil ich es ihr nicht heil und vollkommen ablieferte, war es eben kaputt. Heute ertappe ich mich dabei, dass ich nichts kaputtmachen will, und bin selbst kaputt."

Viele Menschen leiden ununterbrochen unter subjektiven Mängeln.

- Sie sind zu *klein*.
- Sie sind zu *groß*.
- Sie sind zu *dick*.
- Sie sind zu *dünn*.
- Sie sind zu *egoistisch*.
- Sie sind zu *langsam*.
- Sie sind zu *schnell*.
- Sie sind zu *ungenau*.

Entscheidend ist das kleine Wörtchen *zu*. Wir erleben uns unvollkommen und unzureichend. Häufig sind es Elternbotschaften, die uns im Kopf herumschwirren. Wir hören Richtlinien und Tadel und können die unseligen Anweisungen aus Kindertagen nicht abschütteln. Die Botschaften sind mit starken Gefühlen von damals gekoppelt. Wenn wir erkennen, dass diese Botschaften mit den gekoppelten starken Gefühlen falsch und unsinnig sind, können wir sie ändern.

- Wir *können* ihre Fragwürdigkeit klar definieren.
- Wir *können* sie fallen lassen.
- Wir *können* sie ins Gebet nehmen.
- Wir *können* seine Hilfe zur Änderung in Anspruch nehmen.

Wichtig ist: Wir können die Vergangenheit nicht ändern, aber wir können uns in der Gegenwart verändern.

Schritt 2:
Welches Gefühl beschreibt meinen Schmerz am genauesten?
Gefühle, die ich bei negativen Botschaften der Erwachsenen gehabt habe, sind für die Änderung wichtig. Je präziser die

Gefühle beschrieben werden, desto leichter sind sie zu korrigieren.
– Gefühle sind auch Spiegelungen meines Lebensstiles.
– Gefühle sind Spiegelungen meiner Lebensgrundüberzeugung.
Wenn die Gefühle lauten:
– „Ich bin ein Versager."
– „Ich kann es den Erwachsenen niemals recht machen."
– „Ich mache ständig Fehler und bin absolut unvollkommen."
dann geben diese Gefühlsäußerungen wichtige Aspekte meines Lebensstiles wieder. Diese negativen Selbsteinreden können deprimieren und inaktiv machen. Sie rauben uns die Zufriedenheit und sind Lügen, an die wir glauben. Wir haben es als Christen in der Hand, diese krank machenden Botschaften zu ändern.

Schritt 3:
Ich reagiere mit konkreten Gegenbotschaften.
Botschaften und Tadel, Warnungen und negative Kritik, die wir in der Kindheit erlebt haben, sitzen tief. Unterschwellig bestimmen sie unser Leben von heute. Wie gefährliche Viren dringen sie in Leib und Seele ein und vergiften unser Selbstbewusstsein. Je klarer wir sie benennen können, desto effektiver können wir ihnen begegnen. Lautet die Botschaft: „Bemühe dich, fehlerfrei zu sein!", dann kann ich nur als Christ sagen: „Nein, diese Botschaft ist ungeistlich. Wer fehlerfrei ist, braucht Christus nicht. Er will aus eigener Kraft gerecht werden, und das ist unmöglich." Meine Gegenbotschaft kann lauten: „Du musst dich *nicht* bemühen fehlerfrei zu sein. Fehlerlosigkeit ist ein Fehler."
Es geht darum, die Zauberformel der Eltern und Erwachsenen, die offensichtlich unser Leben belasten, kraftlos zu ma-

chen. Diese konkreten „Gegenbotschaften" nehme ich zusätzlich ins Gebet und bitte den Herrn, mir beizustehen, sie selbstvertrauend und selbstbewusst im Innern oder laut zu formulieren.

Schritt 4:
Ich trage meine verletzten Gefühle den Eltern vor.
Schweigen löst keine Probleme. Herunterschlucken von Bitterkeit und aggressiven Gefühlen macht uns krank und lenkt uns von hilfreichen Lösungen ab. Wenn Eltern und Großeltern noch leben, die uns mit fragwürdigen Botschaften gequält haben, beten wir um Kraft, ihnen in angemessener Form unsere Qual zu sagen. Kritik, in Form von Ich-Botschaften formuliert, verletzt die Eltern am wenigsten.
– „Ich fühle mich beschämt ..."
– „Ich fühle mich seit meiner Jugend unvollkommen und als Versager, weil ich eure Botschaft, ‚fehlerlos zu reagieren', nicht realisieren konnte."
– „Ich fühle mich ohnmächtig und habe schon jahrelang unter meiner Unvollkommenheit gelitten."

Sind die verletzten Gefühle ausgesprochen, können wir auch den Eltern vergeben. Sie haben sicher nicht aus Bosheit so gehandelt. Aber gute Absichten sind selten gute Forderungen. Besonders sensible Kinder reagieren häufig übertrieben auf Botschaften der Eltern, um nicht anzuecken und um ihnen zu gefallen. Sie mühen sich ab und werden unglücklich, weil die Latte der Forderungen zu hoch lag. Versöhnung heißt nicht, Unrecht zu verharmlosen und schwere Verletzungen zu unterdrücken. Vor der Versöhnung steht die Aussprache. Manchmal müssen Konfrontation, Kritik und Konflikt sein. Wer zudeckt, bagatellisiert seine Beschwerden.

Hilfe Nr. 8:
Muss der Dienst für Jesus nicht perfekt geschehen?

Gehört die Vollkommenheit nicht zum christlichen Lebensstil? – Auf einem Willow-Creek-Leiterschaftskongress wurden Fragen aus der Zuhörerschaft an die Redner Ken Blanchard und Bill Hybels gestellt. Eine Frage lautete:
„Sie sprechen davon, dass der Dienst auf qualitativ hohem Niveau geschehen soll. Ist das nicht Perfektionismus, der bei den Mitarbeitern für einen hohen Erwartungsdruck sorgt?"
Antwort:
„Das ist ein Missverständnis. Wir streben nicht nach Perfektion! Kein Mensch und keine Gemeinde wird jemals perfekt sein. Uns geht es um Exzellenz – und das ist etwas anderes als Perfektion. Exzellenz bedeutet: das Beste aus dem zu machen, was man zur Verfügung hat. Es geht also nicht darum, wie teuer oder komplex und groß etwas ist. Selbst die einfachsten Dinge kann man mit oder ohne Exzellenz tun. Wir haben entdeckt, dass tief im Herzen jeder Mitarbeiter herausgefordert werden möchte, etwas Außergewöhnliches und Hervorragendes für Gott zu tun. Und wenn sie entdecken, dass ihr Beitrag wirklich einen Unterschied ausmacht, dann wollen sie sich mehr und mehr einbringen." [5]

„Exzellent" ist ein lateinisch-französisches Wort und meint: hervorragend, ausgezeichnet und vortrefflich. Es ist keine Frage, wie schnell ein exzellenter Mitarbeiter in den Perfektionismus abrutschen kann.

- Perfektionismus ist Eigenmächtigkeit und Werkgerechtigkeit.
- Perfektionismus ist ein eklatanter Widerspruch zum wirklichen Christsein.
- Perfektionismus verleugnet die Kraft unseres Herrn.

Unter der Überschrift „Wird ein Christ immer ‚heiliger'?"
brachte eine Zeitschrift eine Auseinandersetzung zwischen
dem Leiter der Herrenhuter Brüdergemeinde, dem pietisti-
schen Grafen Nikolaus Ludwig Graf von Zinzendorff
(1700 – 1760), und dem Gründer der evangelisch-methodis-
tischen Kirche, dem englischen Pfarrer John Wesley (1703 –
1791).

Wesley: „Ich bin in Sorge, dass Sie Falsches lehren, einmal
über das Ziel unseres Glaubens in diesem Leben, also über
die christliche Vollkommenheit, sodann über das, was unsere Kirche die Gnadenmittel nennt."

Zinzendorff: „Ich erkenne keine innewohnende Vollkommenheit in diesem Leben an. Das ist ein Irrtum aller Irrtümer. Ihn bekämpfe ich in der ganzen Welt mit Feuer und
Schwert, ihn verfolge und vernichte ich. Allein Christus ist
unsere Vollkommenheit. Wer eine innewohnende Vollkommenheit lehrt, der leugnet Christus."

Wesley: „Ich aber glaube, dass Christi Geist im rechten
Christen die Vollkommenheit schafft."

Zinzendorff: „Keineswegs. Unsere ganze Vollkommenheit
liegt in Christus. Alle christliche Vollkommenheit besteht
im Vertrauen auf Christi Blut. Die ganze christliche Vollkommenheit ist imputiert (zugerechnet), nicht inhäriert (einwoh-
nend). Wir sind vollkommen in Christus, in uns selbst niemals." [6]

Wesley ging davon aus, dass Vollkommenheit und Heiligkeit
den Christen im Glauben geschenkt wird. Zinzendorff wi-
dersprach ihm hart und konsequent. Vollkommenheit kann
dem Christen *zugesprochen* werden. Aber sie *wohnt* nicht in

ihm. Wesley ging davon aus, dass der Glaubende, der in der Liebe wächst, gleichfalls auch in der Heiligkeit zunimmt. „Menschen können in der Gnade wachsen, aber nicht in der Heiligkeit." Perfektionismus ist und bleibt eine idealistische und ichsüchtige Denk- und Lebensstruktur.

Hilfe Nr. 10:
Unterscheiden Sie zwischen Erfolg und Frucht!

– Erfolge werden hart *erkämpft*.
Früchte müssen *wachsen*.
– Erfolge kennzeichnen das *menschliche Streben*.
Früchte kennzeichnen das *Wirken Gottes*.

Ein amerikanischer Psychiater beschreibt, wie er Perfektionismus und Erfolg einstuft:
„Im Rahmen einer Untersuchung über Leistungsfähigkeit und seelische Gesundheit habe ich kürzlich einer Gruppe von 150 Handelsvertretern mit einem Durchschnittsjahreseinkommen zwischen 100 000 und 150 000 Dollar eine Reihe von Fragen gestellt. Rund 40 % von ihnen entpuppten sich als Perfektionisten. Wie zu erwarten, fühlten sie sich mehr gestresst als ihre weniger perfektionistischen Kollegen. Aber waren sie auch erfolgreicher? Erstaunlicherweise nicht. Die Perfektionisten litten eindeutig mehr unter Ängsten und Depressionen, jedoch es fand sich nicht der kleinste Hinweis darauf, dass sie dafür auch mehr Geld verdienten. Vielmehr können die Enttäuschungen und Zwänge, mit denen der Perfektionist sich oft herumplagen muss, seine Kreativität und Leistungsfähigkeit herabsetzen. (...) Schon der Gedanke an ein Versagen versetzt sie in Angst und Schrecken. Sie stehen

ständig unter Erfolgszwang, finden aber dennoch keine Befriedigung in ihrer Arbeit."

Perfektionisten sind bedauernswerte Menschen. Sie sind gestresst, haben große Angst. Sie reagieren mit Depression und gehören nicht zu den Erfolgreichen. Aber wir müssen unterscheiden: Erfolg und Frucht sind zwei Paar Schuhe. Jesus sagt in der Bergpredigt das bedenkenswerte Wort:
„An ihren Früchten werdet ihr sie erkennen. Kann man auch Trauben lesen von den Dornen und Feigen von den Disteln?" (Matthäus 7,16).
Sind die Bilder nicht bezeichnend? Die Trauben wachsen ohne Anstrengung am Weinstock. Wer an IHM bleibt, am Weinstock, bringt viel Frucht. Nicht dranklotzen, sondern dranbleiben. Nicht eigene Kräfte bis zur Erschöpfung mobilisieren, sondern sich in seiner Weinstockkraft genügen zu lassen.

Erfolg ist das menschliche Streben, Frucht ein Geschenk des Glaubens. Niemand kann sich als Christ Früchte abzwingen. Sie wachsen von selbst. Der Perfektionist macht sich leicht verrückt, der Christ arbeitet ruhig und gelassen in Gottes Namen. Er muss sich nicht zwingen. Er muss sich Früchte nicht abquälen. Die größten Erfolge werden durch harte Arbeit und perfektionistisches Streben erreicht. Glaubensfrüchte sind das Ergebnis des *Glaubens*, des Vertrauens und des Lebens aus Christus, durch Christus und mit Christus. Der Erfolg wird erkämpft, die Frucht wird geschenkt.

Perfektionisten wollen keine Fehler machen. Sie gehen auf Nummer sicher. Wir alle kennen den scherzhaften Ausdruck: Wer viel arbeitet, macht viele Fehler, wer wenig arbeitet, macht wenig Fehler, und wer gar nicht arbeitet, ist fehlerlos." Perfektionisten möchten fehlerlos sein, daher stehen sie in Gefahr, gar nichts zu tun. Diese seelische Vollkommenheit nimmt Jesus aufs Korn. In knappen Sätzen beschreibt er die Männer, die mit ihren Gaben und Talenten unterschiedlich arbeiten.

„Es ist wie bei einem Mann, der verreisen wollte. Er rief vorher seine Diener zusammen und vertraute ihnen sein Vermögen an. Dem einen gab er fünf Zentner Silbergeld, dem andern zwei Zentner und dem Dritten einen, je nach ihren Fähigkeiten. Dann reiste er ab. Der erste, der die fünf Zentner bekommen hatte, steckte sofort das ganze Geld in Geschäfte und konnte die Summe verdoppeln. Ebenso machte es der zweite: zu seinen zwei Zentnern gewann er noch zwei hinzu. Der andere aber, der nur einen Zentner bekommen hatte, vergrub das Geld seines Herrn in der Erde. Nach langer Zeit kam der Herr zurück und wollte mit seinen Dienern abrechnen. Der erste, der die fünf Zentner erhalten hatte, trat vor und sagte: ‚Du hast mir fünf Zentner anvertraut, Herr, und ich habe noch weitere fünf dazuverdient; hier sind sie!‘ ‚Sehr gut‘, sagte sein Herr, ‚du bist ein tüchtiger und treuer Mann: du hast dich in kleinen Dingen als zuverlässig erwiesen. Darum werde ich dir auch Größeres anvertrauen. Komm zu meinem Fest und freu dich mit mir.‘ Dann kam der mit den zwei Zentnern und sagte: ‚Du hast mir zwei Zentner gegeben, Herr, und ich habe noch einmal zwei Zentner dazuverdient.‘ ‚Sehr gut‘, sagte der Herr, ‚du bist ein tüchtiger und treuer Mann: du hast dich in kleinen Dingen als zuverlässig erwiesen. Darum werde ich dir auch Größeres anvertrauen. Komm zu meinem Fest und freu dich mit mir.'

Zuletzt kam der mit dem einen Zentner und sagte: ‚Ich wusste, dass du ein harter Mann bist. Du erntest, wo du nicht gesät hast, und sammelst ein, wo du nicht ausgeteilt hast. Deshalb hatte ich Angst und habe dein Geld vergraben. Hier hast du es zurück.'

Da sagte der Herr zu ihm: ‚Du bist ein Faulpelz und Taugenichts. Wenn du wusstest, dass ich ernte, wo ich nicht gesät habe, und sammle, wo ich nicht ausgeteilt habe, warum hast du das Geld nicht wenigstens auf die Bank gebracht, dann hätte ich es jetzt mit Zinsen zurückbekommen. Nehmt ihm seinen Teil ab und gebt es dem, der die zehn Zentner hat! Wer viel hat, soll noch mehr bekommen, bis er mehr als genug hat. Wer aber wenig hat, dem wird auch noch das Letzte weggenommen werden. Und diesen Taugenichts werft hinaus in die Dunkelheit, wo es nichts als Jammern und Zähneknirschen gibt'" (Matthäus 25,14,29).

Der dritte Verwalter ist ein Perfektionist. Perfektionismus beinhaltet Angst. Der Dritte gibt das offen zu: „Und ich hatte Angst, das Geld bei irgendwelchen Geschäften zu verlieren" (Vers 25). Angst bremst. Angst lähmt. Angst macht untätig.

Viele Christen wollen fehlerlos bleiben. Sie können es nur, wenn sie ihre „Gaben vergraben". Wer arbeitet, macht Fehler. Wer arbeitet, macht sich die Hände schmutzig. Wer Geschäfte macht, erlebt Fehlgriffe. Wer sie vermeiden will, muss diese Erde verlassen. Jesus geht hart mit den so genannten Perfektionisten ins Gericht. Ihre Angst und mangelnde Risikobereitschaft erkennt er nicht an. Wer alles kontrollieren will, lebt am Leben vorbei. Wer alles in den Griff bekommen will, lebt ohne Vertrauen auf den lebendigen Gott. Wer Angst hat, Gott könnte ihn bestrafen, der schaut auf die Fehler und nicht auf den Erfolg. Er schaut auf das Versagen und nicht auf den Geber aller Gaben. Der Perfektionist kultiviert negative Gedanken. Seine Vorstellungen kreisen um Pleiten, Pech und Pannen. Überall wittert er Fallgruben und Sackgassen. Er blockiert alle Energie und macht sich krank. Unser Herr traut seinen Mitarbeitern – und das sind wir – etwas zu. Alle hat er mit Gaben ausgerüstet. Und diese Gaben sollen wir entsprechend unserer individuellen Fähigkeiten ausleben. Wer sie *versteckt*, wer sie *vergräbt*, wer sie *brachliegen lässt*, wird von ihm zur Rechenschaft gezogen.

Der dritte Verwalter hat ein falsches Gottesbild. Er sieht in ihm den brutalen Buchhalter und nicht den barmherzigen Vater. Perfektionisten haben ein falsches Gottesbild. Sie haben die Vollkommenheit falsch verstanden. Sie sehen in Gott den Sklavenantreiber. Er stellt Forderungen und steigert sie ständig. Wer sich im Glauben kaputtmacht, hat ganz sicher ein falsches Gottesbild. Wer sich seelisch und körperlich aufreibt, hat sein Wort missverstanden. Vollkommen im Sinne Jesu heißt ganz sein und nicht perfekt und fehlerlos. Der Perfektionist möchte Gott immer ähnlicher werden. Aber wir sind nicht Gott. Unsere idealisierten Selbstansprüche führen zu selbstquälerischen Ängsten und treiben in die Verzweiflung.

- Was sehen wir in IHM?
- Wie gehen wir mit den anvertrauten Gaben um?
- Lassen wir uns von Ängsten bremsen, oder schauen wir vertrauensvoll auf IHN?

Hilfe Nr. 12:
Der Perfektionist benötigt Gnade.

Gnade ist das Gegenteil von Leistung.

Perfektionisten sind leistungsorientiert. Sie handeln ungnädig an sich. Was sie brauchen, ist Gnade. Gnade ist die unverdiente, unverdienbare und nicht zurückzahlbare Gunsterweisung. Die Gnade ist ein reines Geschenk; das Herzstück der Botschaft des Neuen Testamentes ist Gnade.

„Es ist erschienen die heilsame Gnade Gottes allen Menschen" (Titus 2,11). Das Evangelium ist die Botschaft von der Gnade. Und der Kernsatz der Reformation steht im Römerbrief: „Wir werden ohne Verdienst gerecht aus seiner Gnade, durch die Erlösung, so durch Christum Jesum geschehen ist" (Römer 3,24). Das Leitwort, das Martin Luther in der Reformation geprägt hat: „Sola gratia" (Allein aus Gnaden).

Die Heilung vom Vollkommenheitsstreben macht zufrieden und glücklich. Der Perfektionist weiß es mit dem Kopf, aber er lebt mit seiner Existenz dagegen.

– Er handelt so, als müsse er sich seine Seligkeit verdienen.
– Er handelt so, als ob die Gnade überflüssig ist.
– Er handelt so, als könnte er sich mit seinem Vollkommenheitsstreben freikaufen.

Den Satz: „Nichts hab ich zu bringen, alles Herr bist du", kann er sagen, aber nicht leben. Er kann ihn theologisch nachvollziehen, aber nicht im Alltag umsetzen. Er muss lernen,

– seinen Terminkalender in Zwiesprache mit Gott zu führen,
– sich anzunehmen mit allen Fehlern und Schwächen,

- mit sich und seinen liebsten Menschen barmherzig umzugehen,
- sich über sein Vollkommenheitsstreben lustig zu machen.

Wer sich selbst auf die Schippe nehmen kann, wer Witze
reißen kann über sein Vollkommenheitsstreben, der steht
drüber. Er kann über sein Grundübel lächeln. Aus eigener
Kraft schaffen das die wenigsten. In der Tat: Gnade ist ein
Geschenk. Perfektionisten müssen systematisch einüben,
sich von Christus beschenken zu lassen.

Hilfe Nr. 13:
Gehen Sie barmherzig mit sich um!

Perfektionisten sind unbarmherzig gegen sich und andere.
Die Bibel ist voll von Barmherzigkeit. Gott wird als der
Barmherzige charakterisiert.
„Barmherzig und gnädig ist der Herr, geduldig und von gro-
ßer Güte" (Psalm 103/8). Paulus nennt Gott in der Tat den
„Vater der Barmherzigkeit".
Sogar im Islam finden wir das Zeugnis von Gottes Barmher-
zigkeit. Mohammed hat, wie manches andere, auch Gottes
Barmherzigkeit aus der Bibel übernommen. Die meisten
Suren des Korans beginnen mit dem Anruf: „Im Namen Got-
tes, des barmherzigen Erbarmers".
Barmherzig ist, wer gut mit den anderen und *mit sich* um-
geht. Christus ist das persönliche Abbild der Barmherzigkeit
Gottes. Er hat sie nicht nur verkündigt, er hat sie uns vor-
gelebt.
Das griechische Wort für Barmherzigkeit meint die wichtigsten Organe des menschlichen Körpers: Herz, Lunge, Leber
und die Därme. Die Griechen dachten, diese Organe seien

der Sitz der Gefühle, vor allem von Zorn, Furcht und sogar Liebe. Barmherzigkeit meint in erster Linie Mitgefühl für den anderen und Mitgefühl für uns selbst.

Perfektionisten müssen umdenken. Von klein auf sind es die meisten gewöhnt, unbarmherzig, rigoros und streng mit sich umzugehen. Entweder wollen sie die Erwartungen der Eltern erfüllen oder sie jagen später ihren eigenen Zielen und Erwartungen nach. Sie wollen überholen, vollkommen und fehlerlos sein. Wer sich überfordert, in die Erschöpfung abdriftet, unglücklich und unzufrieden ist, braucht Barmherzigkeit.

- Er muss wissen, dass der lebendige Gott *ihn angenommen hat.*
- Er muss wissen, dass der lebendige Gott *Fehler und Sünden vergibt.*
- Er muss wissen, dass der lebendige Gott *ihn nicht überfordert.*
- Er muss wissen, dass der lebendige Gott *kein Sklavenhalter und Tyrann ist.*

Friso Melzer, der Theologe und Sprachforscher, bezeichnet „Barmherzigkeit als Herzwort der christlichen Sprache". Es deutet auf die Herzmitte. Es erinnert an das „Gleichnis vom barmherzigen Samariter", an das Gleichnis vom „Verlorenen Sohn". Barmherzigkeit ist Mitleid und Güte, Großzügigkeit und Mitgefühl.

Wer barmherzig mit sich umgeht, kann auch barmherzig mit anderen umgehen. Allerdings, Barmherzigkeit ist Frucht der Liebe. Barmherzigkeit ist keine Tugend, die wir uns abzwingen können. Barmherzigkeit ist die Frucht des Heiligen Geistes. Barmherzigkeit ist ein Geschenk. Wer sich von IHM beschenken lässt, wer seine Anstrengung und sein Voll-

kommenheitsstreben loslassen kann, der empfängt Barmherzigkeit. Er geht barmherzig mit sich und anderen um. Sein
Perfektionismus hat ausgedient.

Hilfe Nr. 14:
Eine vollkommene Erlösung gegen ein vollkommenes Leben

Perfektionismus macht aus einem Christen einen unglück-
lichen Menschen. Schwere Depressionen und versteckte
Wut sind die Begleiterscheinungen, die leistungsorientierte
Vielarbeiter in die Resignation treiben. Hängt aber unsere
Glaubensgewissheit von unserer perfekten Leistung ab,
dann *müssen* wir in die Verzweiflung abrutschen.

Wir schenken der Bibel Glauben und wissen, dass unsere
Beziehung zu IHM von der *vollkommenen Leistung unseres
Herrn* und seinem Opfertod am Kreuz abhängt. Die An-
nahme dieser Gabe bewahrt uns vor Verzweiflung und Depression. Und David Seamands ergänzt:
„Denjenigen, die sich noch in der Tretmühle der Perfektion
befinden, möchte ich versichern, dass der Herr unsere An-
nahme nicht von einer vollkommenen Buße, einem vollkommenen Glauben oder einer vollkommenen Hingabe unserer-
seits abhängig macht. George Whitefield pflegte zu sagen:
‚Selbst über unsere Buße müssen wir noch Buße tun!' Das
gilt für alles, was wir Menschen der Gnade selbst noch hin-
zufügen wollen. Selbst unsere Hingabe sollten wir unserem
Herrn anbefehlen, weil sie nicht vollkommen ist." [7]

Eine saubere Arbeit ist gut. Eine zufrieden stellende Leistung
stellt zufrieden. Unser Herr will Menschen, die sich auf ihn

verlassen und nicht auf ihre Leistungsfähigkeit. Wir geben
uns Mühe und müssen uns nicht überfordern.

Die *Über*forderung, der *Über*ehrgeiz,
die *Über*aktivität, die *Über*moral
und die *Über*sauberkeit
sind der Stoff, aus dem unglückliche,
kranke und unzufriedene Christen werden.
Unser Herr sieht das ganz anders.

Perfektionismus

Ein Selbsterforschungsfragebogen

	stimmt nicht	stimmt etwas	stimmt voll
Ich habe ziemlich ideale Vorstellungen von mir, von den anderen und vom Leben.			
Wenn mir etwas nicht gelingt, kann ich in Panik geraten.			
In Haus, Familie, Kindererziehung und im Glauben an Christus strebe ich das Optimale an.			
Es fällt schwer, mir Fehler zu verzeihen, die mir Gott längst vergeben hat.			
Im Allgemeinen bin ich eher unzufrieden.			
Ich habe oft das Gefühl, nicht zu genügen.			

Am liebsten hätte ich eine Entweder-oder-Lösung.			
Mich beschleicht eine große Unruhe, wenn die Dinge nicht so laufen, wie ich es mir gedacht habe.			
Ich darf mir nichts zuschulden kommen lassen, darf keinen Fehler machen.			
Ich strebe das Vollkommene an und bin unglücklich, wenn es mir nicht gelingt.			
Ich habe an mich und andere hohe Erwartungen.			
Ich bin sehr enttäuscht, wenn meine Kinder, mein Partner, Kollegen oder Mitarbeiter nicht sorgfältig arbeiten.			
Wenn meine Ansprüche nicht erfüllt werden, kann ich in Panik geraten.			
Ich stimme mit Goethe und der Bibel überein: „Wer immer strebend sich bemüht, den können wir erlösen."			
Wenn die Ereignisse hinter meinen Erwartungen zurückbleiben, kann ich mit Versagensängsten und Resignation reagieren.			

Anmerkungen zum Selbsterforschungsfragebogen

– Füllen Sie ehrlich und ohne lange Überlegung den Bogen aus. Es ist kein Text, der objektiv Ihre Persönlichkeit widerspiegelt.

– Der Fragebogen kann lediglich Tendenzen Ihrer Lebensgrundüberzeugungen anpeilen. Er befragt Sie, in welchem Maße perfektionistisches Streben in Ihnen lebendig ist.

- Sie können gern den Fragebogen vom Partner, von guten Freunden oder Bekannten ausfüllen lassen. Angehörige und Freunde gehen oft unvoreingenommener an diese Fragen heran. Sie geben Eindrücke und Empfindungen wieder, die Sie möglicherweise nicht wahrhaben wollen.
- Die Auswertung ist denkbar einfach: Je mehr Aussagen Sie mit „stimmt etwas" und „stimmt voll" angekreuzt haben, desto offensichtlicher befinden Sie sich im Überzeugungsbereich des Perfektionisten.
- Haben Sie den Eindruck, wenn Sie mehr als fünf Aussagen als stimmig erleben, dass Sie Ihrem Perfektionismus – auf welchem Gebiet auch immer – entgegenwirken sollten?
- *Wozu* müssen Sie besonders perfektionistisch sein?
- *Wie* lauten Ihre zentralen Lebens-Leit-Motive?
- *Wo* reagieren Menschen in Ihrer Umgebung negativ auf Ihre Einstellung?
- *Was* sagt – Ihrer Meinung nach – die Bibel zu Ihren Lebensgrundüberzeugungen?

Literaturhinweise

Perfektionismus hat viele Gesichter

1 Albert Ellis, Die rational-emotive Therapie, Pfeiffer Verlag, München 1977, S. 89.
2 Sandra Litty, Heißhunger, Brendow Verlag, Moers 1997, S. 119f.
3 Sandra Litty, a.a.O., S. 120.
4 Eva Gesine Baur, Lass uns bloß nicht darüber reden, Heyne Verlag, München 1995, 2. Auflage, S. 67f.
5 David Seamands, Heilung der Gefühle, Verlag der Francke-Buchhandlung, Marburg 1986, 2. Auflage, S. 66.
6 Andreas Ebert/Richard Rohr u.a., Erfahrungen mit dem Enneagramm, Claudius Verlag, München 1992, 2. Auflage, S. 30.
7 Anselm Grün, Selbstwert entwickeln, Ohnmacht meistern, Kreuz Verlag, Stuttgart 1995, S. 40f.
8 Richard Rohr/Andreas Ebert, Das Enneagramm, Claudius Verlag, Müchen 1989, S. 49f.

Wie kann Perfektionismus entstehen?

1 Horst Eberhard Richter, Der Gotteskomplex, Rowohlt Verlag Reinbek 1980
2 David Stoop, Der Perfektionist in mir, Verlag der Francke-Buchhandlung, Marburg 1993, S. 47f.
3 Edna B. Foa/Reid Wilson, „Hör endlich auf damit", Heyne Verlag, München 1994, S. 42.

Perfektionismus in der Erziehung

1 Thomas Gordon, Familienkonferenz, Verlag Hoffmann und Campe, Hamburg 1972, S. 269f.
2 Helmut Zöpfl, Wenn Eltern zu ehrgeizig sind, in: Das Beste 2/1998, S. 53f.
3 Helmut Zöpfl, a.a.O., S. 54.
4 Helmut Thielicke, Wie die Welt begann, Quell-Verlag, Stuttgart 1964, S. 105.

14 Kennzeichen eines Perfektionisten

1 Horst Eberhard Richter, Der Gotteskomplex, a.a.O., S. 5
2 Bernhard H. Shulman, Individualpsychologische Schizophreniebehandlung, Ernst Reinhardt Verlag, München/ Basel, S. 40.
3 Aus: GEO, 2/1996, S. 25ff.
4 David Seamands, a.a.O., S.66f.
5 Hans Selye/Fred Kerner, Stress bedroht unser Leben, Goldmann Verlag, München, S. 85.
6 David Seamands, a.a.O., S. 88.

Perfektionismus und Co-Abhängigkeit

1 Hemfelt/Minirth/Meier, Mut zur Liebe, Gerth Medien, Asslar 1993, 7.Auflage, S. 171.
2 Hemfelt/Minirth/Meier, a.a.O., S. 211f.

Alles oder nichts

1 Richard Rohr/Andreas Ebert, a.a.O., S. 34.
2 Wolfgang Schmidbauer, Alles oder Nichts, Rowohlt Verlag, Reinbek 1990, S. 2.
3 Josef Rattner, Psychosomatische Medizin, Fischer Verlag, Frankfurt 1977, S. 114f.
4 Wolfgang Schmidbauer, a.a.O., S. 105.
5 Wolfgang Schmidbauer, a.a.O., S. 106

6 David Seamands, Befreit vom kindischen Wesen, Verlag der Francke-Buchhandlung, Marburg 1990, S. 40.
7 Rolf Kaufmann, Die Krise des Tüchtigen, Walter Verlag Olten/Freiburg 1983, S. 123.
8 David Seamands, Befreit vom kindischen Wesen, a.a.O., S. 7.

Wie kann Perfektionismus überwunden werden?

1 Viktor E. Frankl, Zeiten der Entscheidung, Herder Verlag, Freiburg/Basel/Wien 1996, S. 121f.
2 Viktor E. Frankl, a.a.O., S. 131.
3 Elisabeth Lukas, Psychologische Seelsorge, Herder Verlag, Freiburg/Basel/Wien 1985, S. 140f.
4 Anselm Grün, Gut mit sich selbst umgehen, Matthias Grünewald-Verlag, Mainz 2000, 12. Auflage, 16.
5 Aus: Willow Netz 4/2000, S. 7.
6 Aus: Idea Spektrum 29/30/2001, Schätze des Glaubens, S. 30.
7 David Seamands, Heilende Gnade, Verlag der Francke-Buchhandlung, Marburg 1990, S. 148.

Stichwortverzeichnis